保育園・認定こども園のための

保育実習指導ガイドブック

人を育てることは自分自身が育つこと

増田まゆみ・小櫃智子 編著

中央法規

はじめに

まず、保育所実習での記録を紹介しましょう。

大丈夫？　思いやりの気持ち

　朝、０歳児のケン君は登園後しばらく泣いている。保育者が抱きながら「お母さんとバイバイしたのが寂しかったのね」「ママどこーって、探しているの」など声をかけていると、１歳児のヒナちゃんがやってきて、ケン君のことを見ながら優しく頭をなでる。「ヒナちゃん、ありがとう。よしよししてくれたの。優しいね」という保育者のことばを聞きながら、ケン君も一度泣き止み、ヒナちゃんを見つめていた。

　保育室に入ってからも、ケン君は大きな声で顔を真っ赤にして泣いており、保育者はケン君の悲しい思いを代弁していた。その様子を遊びながら見ていたヒナちゃんがトコトコとやって来て、誰に言われるわけでもなくケン君の頭をなでたときには驚いた。きっと、ヒナちゃんなりにケン君の悲しさを考えて寄り添った結果なのではないかと思った。また、頭をなでるときには、ケン君のことを覗き、様子を気にしていたことも印象的であった。

　このような小さな気遣いがやがて積み重なって、相手を思いやる気持ちが育まれていくのではないかと思い、大切にしていきたいと感じた。

　実習生は、保育所等（幼保連携型認定こども園・小規模保育所等を含む）という保育の営みの場に身を置き、子どもとの生活を共にする実習を通して、保育の根幹につながる経験と学びを得ていることを記録に残しています。この学生は、卒業後、保育園に勤務し、母校の後輩の実習指導担当保育者としての役割を果たしています。筆者の実習訪問の折に、実習生を温かく受け入れ、自らの実習体験や養成校でのさまざまな学びを活かした指導をしている姿に出会い、実習指導教員として、このうえない喜びでした。

　さて、このような経験と学びを可能にするのは、実習施設である保育所等が多様な保育ニーズに応えていると共に、その保育の質、また、保育を担う保育者の資質・専門性が高いこと、さらに、実習生への実習指導が適切になされるという３つの要件が整っていることといえましょう。

「実習指導をどうするか」を学ぶ機会がない──経験知に頼る実習指導

　しかし、ごく最近まで、実習指導担当保育者（以下、実習指導者）が保育所等における実習指導をどのようにするかを学ぶ機会はありませんでした。実習指導は、保育者自身の過去の実習体験と職場内の先輩が実習指導する姿を参考にして行われてきました。各保育士養成校から、実習依頼にあたって、「実習の手引き」など、書面での伝達はなされますが、具体的な内容、方法を理解することは、なかなか難しかったといえましょう。つまり、保育者、保育現場に実習指導は任されてきたのです。今、求められるのは、多様な保育の状況に対応できる、人間性と専門性をあわせもつ専門職としての保育者の養成であり、そのためには、実習指導者には的確な指導をするための学びが必要です。

本書を活用していただくために──「理論編」「実践編」「Q＆A」の三部構成

　さて、本書は、保育園、幼保連携型認定こども園等において、保育実習Ⅰ（必修１度目の保育所実習）及び保育実習Ⅱ（選択必修２度目の保育所実習）で、実習指導を担っていただいている園長（副園長）・主任保育士（主幹保育教諭）・ミドルリーダーの方々のためのガイドブックです。実習指導を効果あるものとするには、３つのポイントがあります。

> 1）実習生が子どもと心を通わす体験を重視する。
> 2）実習指導者は、その場の状況に応じて、適切な指示や助言、疑問への応答を心がける。
> 3）実習生とともに保育や子どもに関して振り返り、実習生と対話することを重視する。対話は指導する・指導されるという上下関係ではなく、同僚性をもって実習生を受け入れる。

　このような実習指導としていくために、本書は、保育園・幼保連携型認定こども園等において現在実習指導を担っている方、また、今後担っていく方へ、実習指導の理論と実践をわかりやすく、また、興味をもってお読みいただくよう三部構成としました。

　PartⅠ「理論編」では、保育所等実習の制度や基本的考え方を、PartⅡ「実践編」では、保育実習Ⅰと、保育実習Ⅱの具体的なケースを、実習１日目から最終日までわかりやすく提示しています。お読みになる方ご自身が、実際に実習指導

をしている感覚で読んでいただくことができます。

最後に「Q＆A」形式で、実習指導を実施するうえで、よくある質問に答えています。

「人を育てることは、自分自身が育つこと」

2014（平成26）年に厚生労働省後援、日本保育協会主催による実習指導者を対象とした研修会が「最新の保育制度や保育士養成の動向、保育士養成課程における保育所の実習指導者としての態度や指導技術を学び、保育所並びに個人の実習指導の実践力を高める」ことを目的に開催され、全国から多くの保育者（園長・主任・行政研修担当等）が参加しました。本書の編著者（増田・小櫃）が講師を担当し、「人を育てることは、自分自身が育つこと」をキーワードに研修内容を検討いたしました。

実習生は実習体験の中で、実習指導を受けることにより、さまざまな学びを得て育っていきます。一方、指導する保育者もまた、実習生とのかかわりを通して、自らの保育をあらためて見つめ、専門性を高め、保育者として育つことになり、また、そうした保育者の育ちは、園の保育の質を高めることにつながることを認識する研修会となりました。研修会の輪は、県、市等へと広がりを見せています。本書は、そうした研修会のテキストとしても活用できるようにしました。

一度読むだけでなく、実習指導の際、身近に置いていただき、実習指導に、また、園内研修にも活用いただくことを願っております。

編著者　増田まゆみ

目　次

はじめに

PartⅠ　理論編

第1章　保育実習の目的と実習指導の意味

❶ 保育士養成における保育実習の位置づけと目的 ⋯⋯⋯⋯⋯⋯⋯⋯ 002
　　──実習を核にした保育士養成

❷ 保育者にとっての実習指導の意味（保育所（園）等） ⋯⋯⋯⋯⋯ 009

❸ 園（組織）にとっての実習指導の意味 ⋯⋯⋯⋯⋯⋯⋯⋯⋯⋯⋯ 010

第2章　実習指導の基本

❶ 実習生の理解 ⋯⋯⋯⋯⋯⋯⋯⋯⋯⋯⋯⋯⋯⋯⋯⋯⋯⋯⋯⋯⋯ 011

❷ 養成校と協働する実習指導 ⋯⋯⋯⋯⋯⋯⋯⋯⋯⋯⋯⋯⋯⋯⋯⋯ 013

❸ 同僚性をもって取り組む実習指導 ⋯⋯⋯⋯⋯⋯⋯⋯⋯⋯⋯⋯⋯ 015

❹ 保育の過程・連続性を重視する実習指導 ⋯⋯⋯⋯⋯⋯⋯⋯⋯⋯ 017

第3章　実習生の受け入れに向けて

❶ 園内における受け入れ体制づくり ⋯⋯⋯⋯⋯⋯⋯⋯⋯⋯⋯⋯⋯ 019

❷ 保育者としての基本 ⋯⋯⋯⋯⋯⋯⋯⋯⋯⋯⋯⋯⋯⋯⋯⋯⋯⋯⋯ 022

❸ 保育現場の人材育成としての実習指導 ⋯⋯⋯⋯⋯⋯⋯⋯⋯⋯⋯ 025

　保育現場からの提言❶ 組織（園）として取り組む実習指導／025
　保育現場からの提言❷ こども園の独自性を活かした実習指導／026
　保育現場からの提言❸ 子どもの姿の記録を通した実習指導／027
　保育現場からの提言❹ ドキュメンテーション型実習日誌の実践／029

Part II 実践編

第1章 実習指導の方法とポイント

1 事前指導～オリエンテーション ………………………………………… 034

2 実習期間中の指導 ………………………………………………………… 040

3 実習の評価 ………………………………………………………………… 059

第2章 実習指導の実際

1 メグさん（保育実習Ⅰ）のケース

メグさん（実習生）の紹介／065

学内事前指導／066

オリエンテーション／069

実習1日目（0歳児クラス）／070

実習2日目・3日目（1歳児クラス）／072

実習記録について／074

実習4日目・5日目（2歳児クラス）／076

中間の振り返り／078

実習中の訪問指導／079

実習6日目（異年齢児）／080

実習7日目（3歳児クラス）／081

実習8日目・9日目・10日目（4歳児クラス）／082

子どもの前に出る体験／084

実習11日目（5歳児クラス）／086

実習の振り返り（反省会）／088

実習事後指導／090

2 トモさん（保育実習Ⅱ）のケース

トモさん（実習生）の紹介／091

学内事前指導／092

オリエンテーション／093

実習1日目（1歳児クラス）／094

実習2日目（3歳児クラス）／095

実習3日目（4歳児クラス）／096

実習4日目（5歳児クラス）／098

実習5日目（2歳児クラス）／099

実習6日目（異年齢児）／101

実習7日目（2歳児クラス）／102

実習訪問指導／103

実習8日目（2歳児クラス）／105

実習9日目（2歳児クラス）／106

実習10日目（2歳児クラス）／107

実習11日目（2歳児クラス）／109

実習の振り返り（反省会）／110

実習事後指導／113

③ アキトさん（保育実習Ⅱ）のケース

アキトさん（実習生）の紹介／114

学内事前指導／115

オリエンテーション／116

実習1日目（0歳児クラス）／117

実習2日目（2歳児クラス）／119

実習3日目（4歳児クラス）／121

実習4日目（子育て支援センターでの実習）／123

実習5日目（5歳児クラス）／125

実習6日目（異年齢児）／126

実習7日目（5歳児クラス）／127

実習8日目（5歳児クラス）／128

実習9日目（5歳児クラス）／131

実習10日目（5歳児クラス）／132

実習11日目（5歳児クラス）／133

実習の振り返り（反省会）／134

実習事後指導／137

Q & A　こんなときどうする？

Q1　子どものことを見ているだけで立ち尽くしている実習生に対して ………… 140

Q2　職員とのコミュニケーションがとれない実習生に対して ……………………… 141

Q3　自分から要望を出したり、表現をしたりしない実習生に対して ……………… 142

Q4　保育者としての言葉づかいやふるまいができない実習生に対して ………… 142

Q5　積極性がない実習生に対して ……………………………………………………… 143

Q6　書くことが苦手で、記録に時間がかかってしまう実習生に対して ………… 144

Q7　緊張がなかなか取れない実習生に対して ……………………………………… 145

Q8　記録や指導計画などの園の資料を実習生に示すときの
　　守秘義務について ………………………………………………………………… 146

Q9　「保育園へは就職しません」と言う実習生に対して ………………………… 147

Q10　実習生を指導する自信がない保育者に対して ……………………………… 148

おわりに
編集・著者一覧

Part I

理論編

第1章　保育実習の目的と実習指導の意味

1 保育士養成における保育実習の位置づけと目的
——実習を核にした保育士養成

　保育士を目指して、保育士資格を取得するために保育士養成施設（大学・短期大学・専修学校等、以下「保育士養成校」という）で学ぶ学生は、年々増加しています。保育士養成校の数は、2017（平成29）年4月には669か所、10年前の2007（平成19）年4月には544か所、さらに、20年前の1997（平成9）年4月には333か所であり、20年で大きく変化しています。

　2016（平成28）年度には、4万2597人という多数の保育士資格者を輩出しています。

❶ 保育士養成校に求められるもの

　1948（昭和23）年以来、長年にわたって児童福祉法施行令第13条に基づく任用資格であった保育士は、他の福祉専門職よりも大幅に遅れたものの、相次ぐ保育士の詐称事件等もきっかけとなり、2001（平成13）年法定化されました。「保育士とは、第18条の18第1項の登録を受け、保育士の名称を用いて、専門的知識及び技術をもって、児童の保育及び児童の保護者に対する保育に関する指導を行うことを業とする者をいう」と児童福祉法第18条の4でその業務が規定されました。保育士の権利として名称独占であることが明確となる一方で、保育士の業務として信用失墜行為の禁止、守秘義務、保育指導業務に関する自己研鑽の努力義務が条文の中で規定されました。保育士の法定化により、専門職として社会的に認められると同時に、保育士には重い責任と倫理性が課せられることになったのです。

　さて、保育士は乳児から18歳未満の児童を対象としています。保育士としての専門性を発揮する場は、児童福祉法に定められた保育所等の保育関係施設、児童養護施設や障害児支援関係施設等の児童福祉施設になることが多いのですが、名称独占となったことにより、多様な場で、保育士として業務についています。保育士は、子どもの命を預かり、人間形成の基礎を培うという共通の役割に加

え、それぞれの施設等に求められる社会的養護、健全育成、療育、自立支援等重要な役割を担っています。

このような重要な役割を担う保育士養成校には、保育士に必須の倫理性を教育システムの中に組み込み、発達援助・対人援助の専門職としての要件をしっかりと身につけ、保育士としての専門性を発揮できる養成が強く求められています。

❷ 保育士養成課程における保育実習の位置づけと目的

保育士養成校では、厚生労働省が示す「指定保育士養成施設指定基準」に基づき、カリキュラムを編成しています。保育を取り巻く社会情勢の変化、保育所保育指針の改定（2018（平成30）年４月施行）等をふまえ、保育士養成課程等の見直しについて検討され、2017（平成29）年12月「保育士養成課程等の見直しについて〜より実践力のある保育士の養成に向けて〜（検討の整理）」が出されました。2019（平成31）年４月より新たな保育士養成課程での保育士養成がスタートします。この改正による単位数、目的などの変更はありません。改正の特徴は、第１に、保育士養成校と実習施設との間で、実習計画の内容（方針、記録、評価等）を共有すること、第２に、養成校の主たる実習指導者は他の教員と緊密に連携して実習指導を行うこと、第３は、実習施設の実習指導者は、主任保育士またはこれに準ずる者をあてること、第４は、実習施設の主たる実習指導者は他の保育士等と緊密に連携することが明文化されたことです。この改正により「保育士養成校と実習施設が協働する実習」が求められます。

さて、2010（平成22）年３月に出された「保育士養成課程等の改正について（中間まとめ）」の中で、改正の基本的な考え方の一つとして「保育現場の実情を踏まえ、**実践力や応用力をもった保育士を養成するため、実習や実習指導の充実を図り、より効果的な保育実習にすることが必要**」とされました。具体的には、「保育実習における事前事後指導の充実により実習による学びを強化させ、３回の保育実習のそれぞれに実習指導を行う」こととし、「保育実習Ⅰ」４単位と「保育実習指導Ⅰ」２単位、選択必修科目である「保育実習Ⅱ又はⅢ」にも「保育実習指導Ⅱ又はⅢ」の１単位を加えることになったのです。わずか１単位ですが、総単位数を増やさない、しかも保育士に多様な専門性が求められる中、**実習指導の重要性を具現化したカリキュラム**となりました。

保育士養成課程において、保育士養成校と実習施設が協働して取り組む実習は、学生一人ひとりが保育士養成校で学んだ**基礎的理論と技術を統合化する実践**

の場であり、理論と実践の往還を可能にする学びの機会として位置づけられています。こうした実習体験により、学生は、保育士としての基本理解と実践力を身につけていくのです。

「指定保育士養成施設の指定及び運営の基準について」（平成30年4月27日子発0427第3号一部改正）において示される以下の目標を達成することが、保育実習および保育実習における事前事後指導の目的といえます。

保育実習Ⅰ（実習・4単位：保育所実習2単位・施設実習2単位）

（目標）
1. 保育所、児童福祉施設等の役割や機能を具体的に理解する。
2. 観察や子どもとの関わりを通して子どもへの理解を深める。
3. 既習の教科目の内容を踏まえ、子どもの保育及び保護者への支援について総合的に理解する。
4. 保育の計画・観察・記録及び自己評価等について具体的に理解する。
5. 保育士の業務内容や職業倫理について具体的に理解する。

保育実習Ⅱ（実習・2単位：保育所実習）

（目標）
1. 保育所の役割や機能について、具体的な実践を通して理解を深める。
2. 子どもの観察や関わりの視点を明確にすることを通して、保育の理解を深める。
3. 既習の教科目や保育実習Ⅰの経験を踏まえ、子どもの保育及び子育て支援について総合的に理解する。
4. 保育の計画・実践・観察・記録及び自己評価等について、実際に取り組み、理解を深める。
5. 保育士の業務内容や職業倫理について、具体的な実践に結びつけて理解する。
6. 実習における自己の課題を明確化する。

保育実習指導Ⅰ（演習・２単位）

（目標）
1. 保育実習の意義・目的を理解する。
2. 実習の内容を理解し、自らの実習の課題を明確にする。
3. 実習施設における子どもの人権と最善の利益の考慮、プライバシーの保護と守秘義務等について理解する。
4. 実習の計画・実践・観察・記録・評価の方法や内容について具体的に理解する。
5. 実習の事後指導を通して、実習の総括と自己評価を行い、今後の学習に向けた課題や目標を明確にする。

保育実習指導Ⅱ又はⅢ（演習・１単位）

（目標）
1. 保育実習の意義と目的を理解し、保育について総合的に理解する。
2. 実習や既習の教科目の内容やその関連性を踏まえ、保育の実践力を習得する。
3. 保育の観察、記録及び自己評価等を踏まえた保育の改善について、実践や事例を通して理解する。
4. 保育士の専門性と職業倫理について理解する。
5. 実習の事後指導を通して、実習の総括と自己評価を行い、保育に対する課題や認識を明確にする。

❸ 実習指導者（保育現場）に求められる保育士養成課程の全体像の理解

　実習生が実習までにどのような教科目を学び、また実習事前指導を受けてきているのか、保育士養成課程の全体像を理解したうえで実習指導にあたることが、実習での学びをより効果あるものにするのです。

　図表１－１は、保育士養成課程の全体像を、また、**図表１－２**は、実習前、実習中、実習後と実習の学びの３つのプロセスを示しています。学生を真ん中に、保育士養成校と保育所等実習施設とが協働して取り組む保育所等の実習です。実習を核にした保育士養成課程において、養成校と保育所等との協働体制による実習指導により、養成校での学びと実習が切り離されることなく、連続性をもって行われることになります。

保育士養成課程において、実習は養成校で学んだ、学びつつある基礎的理論と技術等を統合化する実践の場であり、理論と実践の往還を可能にする機会として位置づけられています。

　実習の前に、「保育の本質・目的に関する科目」「保育の対象の理解に関する科目」「保育の内容・方法に関する科目」等で学んだことが、「実習」で出会う子どもや保育者の姿に触れ、具体的な状況と関連づけた理解へと変化するのです。

　その際、保育者が保育士養成課程の理念や教科目の内容を理解していることで、的確な助言や指導が可能になります。

❹ 学びの連続性

　実習はその場の学びだけでは完結しません。施設長や保育者等実践者、また養成校教員との振り返りにより、実際の体験を通した学びと共に自分のよさや得意とすること・足りない力等を認識するなど新たな気づきによって、実習生それぞれの実習後の課題が明確になります。実習の中で出会う子どもやその保護者、保育者とのかかわりを通して、自分自身を見つめ、その後の学びや将来の進路等具体的に考える機会となるのです。

　保育士養成校で学んだ、また学びつつある理論や技術等を活かして、保育所等や他の児童福祉施設の現場で、保育者がどのような実践をしているか、また実習生自身がどのように実践したらよいか等についての学びは、実際に実習施設の場で、その生活の中で、観察し、体験することなしに修得することはできません。

　実習では、「一般論としての子ども」ではなく、実際に子どもたちと生活し、そのかかわりを通して一人ひとり個性をもった子どもの姿を学びます。また、そうした子どもたち一人ひとりに応じた援助や、子どもの背景にある保護者や家庭への支援の実態を、観察や体験を通して理解していきます。このように実習では、実際の子どもたちとのかかわり等学生自身の体験を通して、また、保育者を中心にさまざまな実践者とのかかわりや指導を通して、保育士養成校での講義や演習での学びだけでは語れない奥深い保育や福祉の実際を学び、将来目指す保育者になるために必要な実践力の基礎を身につけることができるのです。

　保育士養成課程に基づき、各保育士養成校で独自性を発揮したカリキュラムが構築され、必修である保育実習Ⅰ（保育所実習Ⅰ・施設実習Ⅰ）と選択必修である保育実習Ⅱ（保育所実習）またはⅢ（施設実習）を、学びの連続性に配慮した取り組みにより、効果ある実習になるといえます。

第1章 保育実習の目的と実習指導の意味

系　列		平成31年度施行		平成23〜30年度	
		教　科　目	単位数	教　科　目	単位数
必修科目	保育の本質・目的に関する科目	保育原理（講義）	2	保育原理（講義）	2
		教育原理（講義）	2	教育原理（講義）	2
		子ども家庭福祉（講義）	2	児童家庭福祉（講義）	2
		社会福祉（講義）	2	社会福祉（講義）	2
		子ども家庭支援論（講義）	2	相談援助（演習）	1
		社会的養護Ⅰ（講義）	2	社会的養護（講義）	2
		保育者論（講義）	2	保育者論（講義）	2
	保育の対象の理解に関する科目	保育の心理学（講義）	2	保育の心理学Ⅰ（講義）	2
		子ども家庭支援の心理学（講義）	2	保育の心理学Ⅱ（演習）	1
		子どもの理解と援助（演習）	1	子どもの保健Ⅰ（講義）	4
		子どもの保健（講義）	2	子どもの保健Ⅱ（演習）	1
		子どもの食と栄養（演習）	2	子どもの食と栄養（演習）	2
				家庭支援論（講義）	2
	保育の内容・方法に関する科目	保育の計画と評価（講義）	2	保育課程論（講義）	2
		保育内容総論（演習）	1	保育内容総論（演習）	1
		保育内容演習（演習）	5	保育内容演習（演習）	5
		保育内容の理解と方法（演習）	4	保育の表現技術（演習）	4
		乳児保育Ⅰ（講義）	2	乳児保育（演習）	2
		乳児保育Ⅱ（演習）	1		
		子どもの健康と安全（演習）	1		
		障害児保育（演習）	2	障害児保育（演習）	2
		社会的養護Ⅱ（演習）	1	社会的養護内容（演習）	1
		子育て支援（演習）	1	保育相談支援（演習）	1
	保育実習	保育実習Ⅰ（実習）	4	保育実習Ⅰ（実習）	4
		保育実習指導Ⅰ（演習）	2	保育実習指導Ⅰ（演習）	2
	総合演習	保育実践演習（演習）	2	保育実践演習（演習）	2
選択必修科目		保育実習ⅡまたはⅢ（実習）	2以上	保育実習ⅡまたはⅢ（実習）	2
		保育実習指導ⅡまたはⅢ（演習）	1以上	保育実習指導ⅡまたはⅢ（演習）	1

図表1−1　保育士養成課程の全体像

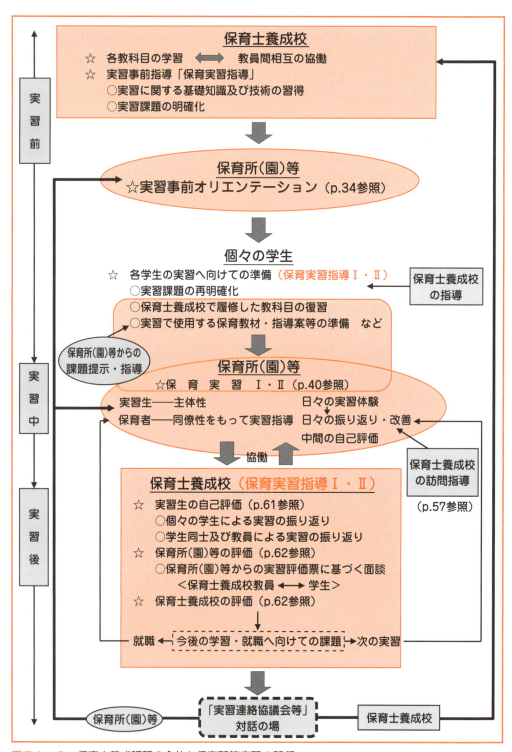

図表1-2　保育士養成課程の全体と保育所等実習の関係

2 保育者にとっての実習指導の意味（保育所（園）等）

　さて、保育者にとって実習指導をすることの意味を考えてみましょう。保育は、子ども理解に基づく計画、実践、評価、改善を繰り返す営みです。保育実習では、**図表1-3**で示すように、保育者を目指すため、学びの途上にある実習生に対して、私の保育、私の園の保育を説明したり、実習生の質問に答えることが求められます。そのためには、保育者は、自らの保育を振り返り、保育を可視化（文書・写真・映像等）することが必須です。保育の振り返り、保育の可視化は、保育を省察、評価し、保育の改善につながります。

　学びの途上にある実習生に保育を語り、相手が理解可能なことばで対話していく必然性から、あらためて自分自身の保育を見つめ直すことになります。その結果、保育の可視化にも工夫がなされて、子どもや保護者へのかかわりにも変化が生まれるのです。実習指導を担うことにより保育者の専門性が高まり、保育の質を高めることになり、さらには保育者のキャリアアップにもつながります。

　保育士資格取得に必修である実習を指導するためには、保育者の専門性と組織としての園の保育の質が一定の水準を保っていることが求められます。本書は、「保育園・認定こども園のための保育実習指導ガイドブック」として、その水準を具体的に提示しています。

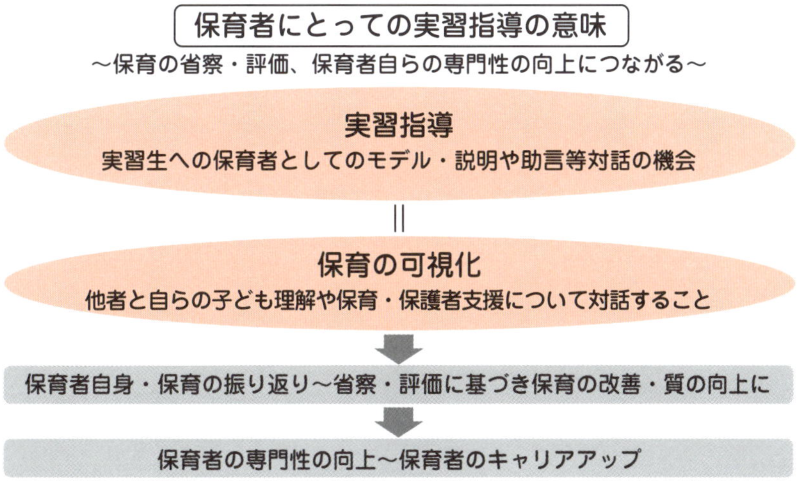

保育者にとっての実習指導の意味
～保育の省察・評価、保育者自らの専門性の向上につながる～

実習指導
実習生への保育者としてのモデル・説明や助言等対話の機会
＝
保育の可視化
他者と自らの子ども理解や保育・保護者支援について対話すること
保育者自身・保育の振り返り～省察・評価に基づき保育の改善・質の向上に
保育者の専門性の向上～保育者のキャリアアップ

図表1-3　保育者にとっての実習指導の意味

3 園（組織）にとっての実習指導の意味

　実習生を受け入れ、実習指導に取り組むことは、園にとってどのような意味があるのでしょうか。2で述べたように、保育者が実習指導を担うことは、保育者一人ひとりの専門性を高めます。また、私の保育、私の園の保育を実習生に的確に説明するためには、保育者間の協働性を高め、園の理念や目標等を確認し、保育の質を高め合う組織へと変化していくことが必要です。このことは、組織の人材育成につながります。

　さらに、実習指導に関心をもち、ていねいに実習生にかかわる組織では、「もっと保育を学ぼう」「保育者になりたい」というように実習生の意欲が高まります。実習イコール就職ではありませんが、次世代の保育者の確保にもつながります。

図表1-4　園（組織）にとっての実習指導の意味

第2章 実習指導の基本

1 実習生の理解

❶ 実習生理解の意義

保育では「子どもを理解する」ことが大切です。同じように、保育実習で実習生を指導するときは、「実習生を理解する」ことが大切となります。しかし、実習生を指導する保育者からは、「最近の学生はよくわからない」という言葉がよく聞かれます。

現在の実習生の状況は、実習指導を行う保育者が実習生だった頃と比べて、大なり小なり変化があります。近年の実習生を取り巻く状況を踏まえ、その傾向について理解しておくことが大切です。しかし、これらはあくまでも近年の傾向であり、必ずしも、すべての実習生に当てはまるとは限りません。先入観により間違った実習指導を行うことは避けたいものです。重要なことは、個々の実習生の理解を図ることです。このことを踏まえたうえで、近年の実習生の傾向について理解しましょう。

❷ 近年の社会環境と実習生の傾向

「最近の学生は……」と言うときは、困った姿として語られることが多いですが、一方で、最近の学生は優れた特性を有しているところもあります。現在の学生は、学校教育の中で、グループで作業をする経験が多いので、話し合いをしながら、協働作業をする経験を積み重ねています。また、自分でわからないことをすぐに聞いたりするのではなく、自分なりに調べて、考察して答えを導き出すことを得意とする面ももっています。

ただし、近年の学生たちは、変化する社会環境の影響を受けて、育ちの中で直接経験が不足しています。一つは、少子化社会の中で、子どもとかかわる機会が少ないことです。このことにより、子ども理解が難しく、かかわり方がわからない学生がかなりいます。

次に、子どもとかかわる機会が少ないことに加え、家族以外の大人や自分より

11

年上の人ともかかわる機会が少ないのです。このことにより、実習先では保育者とのかかわりに苦手意識をもつ実習生もいます。

　三番目に、小学校、中学校、高校と塾やクラブ活動等で忙しくしてきたので、家庭で手伝いをする機会が少なくなっています。また、家庭の生活スタイルも多様になっています。このことにより、生活経験の不足が見られ、食事の支度や洗濯、掃除等のやり方や道具の使い方もわからない実習生がいます。

　四番目に、SNS等の普及により、対面的なコミュニケーションや直接的な体験の少ない実習生が増えています。

　五番目に自己評価が低いことがあげられます。外国との比較において日本の10代の自己評価の低さは顕著です。加えて、他者からの評価に敏感です。実習生も自分のしていることに対して自信がなく、周りからどう見られているのかに神経を使っているため、失敗を恐れ、無難に実習をこなそうとする傾向も多く見られます。そうした結果、積極的に実習を行うことが難しくなっています。

❶少子化の影響で年下の子どもとかかわる機会が少ない
❷地域社会の希薄化で家族以外の大人や自分より年上の人とかかわる機会が少ない
❸家庭で家事や手伝いをする機会が少ない
❹対面的なコミュニケーションや直接的な体験が少ない
❺自己評価が低い傾向がある

図表2-1　近年の実習生の傾向

　このような傾向の実習生に対して、今あるがままの姿を受け止めて、実習指導にあたることが求められます。

2 養成校と協働する実習指導

　協働する実習体制とは、**図表2－2**に示すように、次世代の保育者の養成という目的のために、保育現場で実習に取り組む学生を真ん中にして、保育士養成校の教員と、実習指導を担う保育者等とが実習指導を依頼する・依頼される、また、指導する・指導されるという縦の関係性ではなく、対話を重ねながら取り組む同僚性を尊重した体制といえます。その際、実習指導の対象となる学生も、保育の場で協働して実習を創造していくという観点からは、指導者と対等の関係といえましょう。なぜならば、保育という営みは、子どもと保育者等が相互作用を通して創造していくものだからです。

　協働する実習体制による実習指導により、前述したように実習生は保育者になるための学びによる成長が図られるとともに、実習教育を担う保育現場の保育者等の専門性の向上・保育の質の向上が図られ、さらに、養成校の教員は保育所等の理解を深め、養成校における実習指導をはじめ教科目での指導の改善に活かすことにつながることを再認識することになります。すなわち、養成校における多様な専門領域の教員間の協働体制、また、保育所等の保育者等さまざまな職員との協働体制の構築にもつながっているのです。

　実習生は、保育士養成課程という一定のカリキュラムの中で、理論と実践を往還しながら、多様な学びと経験を重ねて保育士資格を取得し、やがて多くの学生が専門職として保育にかかわる職業につくことでしょう。

　保育の場は、刻一刻変化していきます。保育者は、子どもとともに生活する中で、瞬時、瞬時、さまざまな人や環境との相互作用を通して判断し、新たな状況を創り出しながら保育を展開しています。専門職である保育者は、保育における日常的な行為や自分の考えを意識的に振り返り、反省的な実践家であり続けることで、専門性を高め、保育の質を高めることにもつながることを実感するのです。

　保育者を目指す学生は保育実習という場で、こうした保育者と出会い、移りゆくダイナミックな保育を多様な思いで受け止めつつ、保育者という専門職としての学びを積み重ね、養成校へ戻って来るのです。実習は、見学、観察、参加、指導と次第に子どもや保育に深くかかわりながら展開していきます。実習生、保育者、養成校教員が、相互に学生の実習体験を通して振り返りを繰り返すという協

働体制のもと、実習生、保育者、養成校教員に共通するのが反省的実践家であることといえるでしょう。振り返りの際にも、本書の存在の意義があるのです。

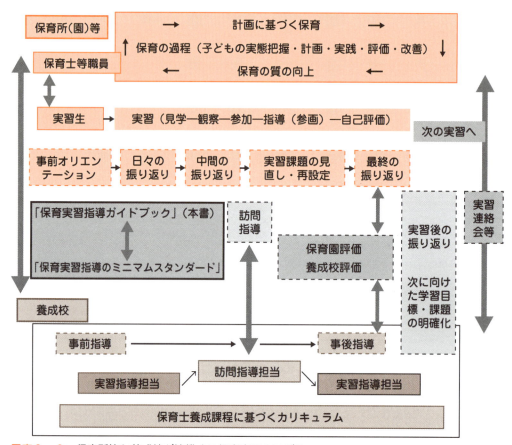

図表2-2　保育所等と養成校が協働する保育実習のモデル

3 同僚性をもって取り組む実習指導

　実習において、保育者は実習生を指導する立場であり、実習生は学ぶ立場です。しかし、この「教え―教えられる」という関係性では、ほんとうの意味で実習生が保育の実践を体験し、学ぶということは難しいといえるでしょう。そこで展開される保育の営みに、実習生も主体性をもってかかわることが大切です。そのためには、同僚性をもって実習生を迎え入れ、指導する姿勢が求められます。

　もちろん、実習生は同僚にはなり得ません。保育者と同じように保育ができるわけでもなく、まだ学びの途中であり、教えてもらうことも必要です。ここでいう同僚性とは、ともに同じ保育にかかわる者という意味において、「教え―教えられる」という縦の関係ではなく、その保育をより良いものとするために協力し合う横の関係性のことを指しています。それでは、同僚性をもって取り組む実習指導により、どのような実習が展開されるのでしょうか。

●保育者としての責任と自覚をもった主体的な実習に

　同僚性をもって実習生を受け入れたとき、実習生は自身が保育に影響を与える立場であり、実習生といえども保育者としてのかかわりを求められていることを強く自覚することでしょう。「ともに保育をつくっていきましょう」という気持ちで実習生を受け入れることで、実習生はもてるその力を発揮することができます。これは子どもの力を信じて保育するのと同じことです。保育に参加するということの責任と自覚をもち、生き生きと主体性をもって取り組む実習は、保育者としての学びをより一層深めることにつながります。

●実習生の存在により子どもが生き生きする

　実習生は、子どもにとってはある一定期間、ともに園生活を過ごす大切な存在です。保育者が実習生を同僚性をもって受け入れたとき、子どもたちも同様に園生活をともに過ごす一員として実習生を大切に受け入れることでしょう。そのことにより実習生は一層生き生きとし、その雰囲気が子どもたちにも伝わります。

●実習生の疑問や気づきを受け止め保育に活かす

　実習生は保育者としては未熟であっても、実習生が主体性をもって保育に参加

するとき、さまざまな疑問や気づきに出会います。実習生の疑問や気づきには、保育者が気づかない重要な内容であることも多いものです。実習生は教えられる存在であると位置づけると、実習生の疑問や気づきを大切なものとして受け止めにくくなりますが、ともに保育をつくっていく存在として受け止めるならば、実習生の疑問や気づきを大切に受け止め、保育に活かしていくことができるでしょう。保育に参加するさまざまな立場の人々の目が保育を多面的にとらえることにつながります。実習生の存在もまた、保育の一面をとらえる大切な視点です。

●保育者の専門性である「省察」を学ぶ

保育者の専門性として、保育や子どもについて振り返り、省察することが重要です。実習生には、正しい答えを教えるというよりも、保育の出来事について感じたことや考えたことを語り合うといった対話を通して、省察するとはどういうことかを伝えていくことが大切です。

実習生は、保育者との対話の中で、保育者が省察する姿を見たり、実習生自身も省察を体験し、学んでいくことができるでしょう。保育者と実習生の対話は、同僚性なくして成り立ちません。保育の省察は、「教える」という行為ではなく、「対話」によって学ぶことが可能といえます。また、実習生との対話を通して、保育者自身の省察も深まります（**図表2-3**）。

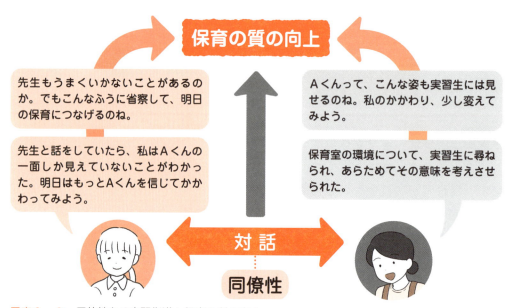

図表2-3 同僚性ある実習指導と保育の質の向上

4 保育の過程・連続性を重視する実習指導

❶ 保育の過程の体験の重視

　実習で体験してほしいことは、日々、保育者が実践している保育の営みです。保育の営みとは、子ども理解に始まり、子ども理解に基づいた保育の計画立案、計画に基づいた保育の実践、そして保育実践の振り返りにおける保育の評価・反省、保育の評価・反省に基づいた保育の改善といった一連の保育の過程にほかなりません。これらがそれぞれ別のものとして体験されるのではなく、一連の過程として体験できるようにすることが大切です。

　また、保育の過程は一方向に進められていくのではなく、循環しています。こうした保育の過程の循環を実習生も、実際に保育を日々実践している保育者の姿や話から感じ取ったり、自身も体験することが実習では大切になるのです。

❷ 保育の連続性の体験の重視

　保育は今日の保育が明日へ、明日の保育がそのまた明日へ、と日々連続性をもって行われています。先に述べた一連の保育の過程によって、こうした保育の積み重ねが行われているといえるでしょう。

　実習は、こうした連続性をもって行われている保育のある一定期間を切り取って行われることになります。実習生が体験する保育はその中のわずかな時間でしかありません。しかし、わずかな時間であっても日々連続性をもって行われる保育について学ぶことが大切です。保育の連続性を学ぶことは、子どもの育ちと保育の質が向上する過程を学ぶことにもつながります。

図表2-4　保育の過程を体験する実習

●実習前の子どもの姿と保育の積み重ねについても想像できる実習に

　実習生にとっては実習に入るその期間しか保育にかかわることができません。実習生によっては今、目の前の子どもが以前はどのような姿であったのか、その中で保育がどのように進められてきたのかに関心をもち、知りたいと思うかもしれません。しかし、多くの実習生は目の前の保育や子どもの姿を理解するだけで精一杯になってしまうことがほとんどでしょう。今、目の前の子どもが以前はどのような姿であったのか、その中で保育がどのように積み重ねられてきたのかについて、実習生からの質問がなくても、折にふれて話をすることで、保育の連続性を学ぶことができます。

●実習期間の中で保育の連続性を実感できる実習に

　短い実習期間の中でも今日の子どもの姿から、明日の保育をどのようにしていくか、保育者の日々の保育の省察を語る中で、実習生は保育が連続性をもって行われていることを実感することができるでしょう。実習の後半になれば、そのような保育者の姿を見習い、実習生も自ら自分の子どもへのかかわりを省察し、翌日の自身の子どもへのかかわりについて考え実践していくようになります。保育者は、実習生と日々の保育をともに振り返りながら、実習生が今日の保育（実習体験）を明日の保育へつなげていくことができるように支えましょう。

●保育の連続性を学ぶことのできる実習計画

　保育の連続性を学ぶためには、ある程度継続的に同じクラスで実習することが必要になります。実習計画を立てるときには、1回目の実習であるか、2回目の実習であるかによっても、学びの内容が変わってくるので、クラス配属は異なりますが（p.36参照）、いずれにしても、ある程度継続的なクラス配属をすることが保育の連続性を体験し学ぶうえで必要になります。実習期間を通してさまざまなクラスでの実習を実施する計画を立てた場合には、一つのクラスで実習する期間が短くなるので、保育者から前日の子どもや保育の様子と翌日の保育のつながりについての説明があるとよいでしょう。

第3章 実習生の受け入れに向けて

1 園内における受け入れ体制づくり

❶ 園全体での役割分担

　実習生を受け入れることになったら、実習を行う実習生はもちろん、指導する保育者が戸惑うことなく、実習およびその指導を実施できるよう、受け入れ体制を整えることが必要になります。指導するクラス担任保育者とは別に、実習指導の総括責任者などを置き、園全体で役割分担をして実習生を受け入れる体制をつくります。

● **実習指導の総括責任者**

　実習指導の総括責任者は、園長や副園長、もしくは主任保育者が担うことが多いですが、別に実習指導を担当する保育者を配置して任せていくこともできるでしょう。役割としては、①実習全体を見通した実習計画の立案、②実習中の実習状況の全体把握と実習指導のマネジメント、③クラス担任保育者の実習指導に関する相談・助言、④養成校との連絡・調整などを担います。

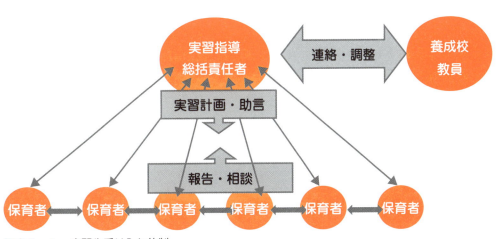

図表3－1　実習生受け入れ体制

●各クラス担任保育者

　各クラス担任保育者は、実習生をクラスの保育に受け入れ、日々の保育実践を体験し学ぶことができるよう指導する役割を担います。実習指導の総括責任者から、受け入れ実習生の実習段階、実習目的、実習課題、また実習生の性格や配慮事項などを確認し、指導に活かします。実習生の指導について、疑問や困ったことなどがあれば、実習指導の総括責任者に相談・助言を求めながら指導を行っていきます。また、次のクラスでの実習指導に役立つよう実習生の指導状況を実習指導の総括責任者に報告します。

❷ 職員への周知

　実習生を受け入れる際は、直接指導する保育者はもちろん、直接指導はしないその他の職員（保育士、看護師、栄養士、調理師、事務員等）にも、いつ、どのような実習生が実習に来るのかを周知しておくことが大切です。園全体で実習生を受け入れることが実習生にとっても大切なことですが、園にとっても重要な意味をもっています。

　実習生の存在は、子どもたちにとって大きな存在となります。実習生が配属されないクラスの子どもたちも実習生に注目しています。長時間保育の時間などでは実習生とかかわる子どもたちもいることでしょう。また、実習生は給食の準備など調理室とかかわりをもったり、子どもがけがや病気をすれば看護師のかかわりを目にすることもあるでしょう。実習生は保育士になるための学びをしつつも、他専門職の役割や連携についても学んでいます。子どもにとっては実習生の存在が保育に影響を与えることになり、実習生は園内にいるすべての職員や子どもたちの姿から学んでいるのです。

　職員への周知の仕方はさまざまです。職員会議や朝夕のミーティング、職員向けの配布物、掲示などを通して周知するなど、各園が取り組みやすい方法を工夫して行いましょう。

第3章 実習生の受け入れに向けて

Column 実習生の存在を保護者にもお知らせする

　実習生の存在は子どもたちにとってとても魅力的です。「お姉さんと一緒に遊んで、楽しかった！」と、実習生のことを楽しげに家庭で話をすることがよくあるようです。このようなわが子の姿は、保護者にとってもうれしいことでしょう。一方、朝、子どもを連れて行ったら、知らない人がいて、わが子が人見知りをして不安になってしまったという保護者もいるようです。いずれにしても、「実習生が来ている」ということを保護者にもお知らせしておくことが必要です。

　「保育士になるために○○大学から○○さんという実習生が、○月○日から○月○日まで来ています」ということを伝えておけば、保護者も安心して子どもを預けることができますし、家庭で楽しそうに実習生のことを話す子どもとの会話も弾みます。

　保護者への周知の仕方はさまざまです。クラス担任が保護者の送り迎えのときに口頭で伝えることもありますが、一人ひとりに伝えるのは大変なので、園便りや掲示を活用して伝えている園もあるようです。ある園で、すてきな実習生の紹介の掲示を見ました。うかがってみると、実習生が自分で作成した自己紹介ポスターを掲示しているとのことでした。文字だけでなく写真や絵を活用して作成されたポスターは、その人らしさが表現され、保護者だけでなく子どもも保育者も楽しく見ているとのことで、実習生と保護者の距離も近くなり、実習生は保護者の姿から学ぶ意識が高まったそうです。

2 保育者としての基本

❶ 保育者の倫理観

　実習生は、保育者の姿を通して、保育者としての基本を学びます。保育者としての基本として忘れてはならないものに保育者の倫理観があります。実習生は、養成校で「全国保育士会倫理綱領」については学びますが、それが保育の現場でどのように実践されているのかについてはよく理解していません。実習は、保育者の倫理について実践とつなげて学ぶことができる貴重な機会です。また、実習園にとっても実習生の受け入れは、保育者としての倫理が保育実践の中でしっかりと根付いたものになっているかを再確認するよい機会です。保育者一人ひとりがあらためて自身の保育実践とつなげながら、全国保育士会倫理綱領で示された8つの事項を確認し、意識できるようにしておくことが必要です。

　中でも、プライバシーの保護については、実習生と一緒に確認しておくことが重要でしょう。近年、SNSの普及により、実習生に限らず、ネット上に園の個人情報を漏らしてしまったというトラブルをよく耳にするようになりました。プライバシーの保護について実習生は養成校で学んできていますが、各園がプライバシーの保護についてどのようにとらえ、具体的にどのように対応しているのかについて実習生に伝えることが大切です。

❷ モデルとしての保育者

　実習生は、保育者の倫理をどのように学んでいるのでしょうか。実習生は、保育者の子どもや保護者に向けられたまなざしや言葉、さりげないかかわりの一つひとつからそれを感じ取っています。保育者が子どもや保育について語るとき、その言葉の内容だけでなく言葉の調子、全体の雰囲気等から子どもへの思い、保育への熱意を敏感に感じ取っているのです。

　子どもが大人の背中を見て道徳性を身に付けていくのと同じように、保育者とはこうあるべきだという言葉による説明よりも、実習生は保育者の姿を通して感じ取る中から、保育者としての倫理を自身の中に取り入れ、形成していくといえます。実習生にとって保育者は、自身を保育者として形成していくモデルであるといえます。

第3章　実習生の受け入れに向けて

＜全国保育士会倫理綱領＞

　すべての子どもは、豊かな愛情のなかで心身ともに健やかに育てられ、自ら伸びていく無限の可能性を持っています。

　私たちは、子どもが現在（いま）を幸せに生活し、未来（あす）を生きる力を育てる保育の仕事に誇りと責任をもって、自らの人間性と専門性の向上に努め、一人ひとりの子どもを心から尊重し、次のことを行います。

　　私たちは、子どもの育ちを支えます。
　　私たちは、保護者の子育てを支えます。
　　私たちは、子どもと子育てにやさしい社会をつくります。

（子どもの最善の利益の尊重）
1　私たちは、一人ひとりの子どもの最善の利益を第一に考え、保育を通してその福祉を積極的に増進するよう努めます。

（子どもの発達保障）
2　私たちは、養護と教育が一体となった保育を通して、一人ひとりの子どもが心身ともに健康、安全で情緒の安定した生活ができる環境を用意し、生きる喜びと力を育むことを基本として、その健やかな育ちを支えます。

（保護者との協力）
3　私たちは、子どもと保護者のおかれた状況や意向を受けとめ、保護者とより良い協力関係を築きながら、子どもの育ちや子育てを支えます。

（プライバシーの保護）
4　私たちは、一人ひとりのプライバシーを保護するため、保育を通して知り得た個人の情報や秘密を守ります。

（チームワークと自己評価）
5　私たちは、職場におけるチームワークや、関係する他の専門機関との連携を大切にします。
　　また、自らの行う保育について、常に子どもの視点に立って自己評価を行い、保育の質の向上を図ります。

（利用者の代弁）
6　私たちは、日々の保育や子育て支援の活動を通して子どものニーズを受けとめ、子どもの立場に立ってそれを代弁します。
　　また、子育てをしているすべての保護者のニーズを受けとめ、それを代弁していくことも重要な役割と考え、行動します。

（地域の子育て支援）
7　私たちは、地域の人々や関係機関とともに子育てを支援し、そのネットワークにより、地域で子どもを育てる環境づくりに努めます。

（専門職としての責務）
8　私たちは、研修や自己研鑽を通して、常に自らの人間性と専門性の向上に努め、専門職としての責務を果たします。

Column 人生を変えた保育者

　養成校の学生の中には、入試に失敗し、第一希望で入学してきたわけではない学生がいます。その中に、保育者になることを志していない学生もわずかですが存在しています。それでも資格を取得するために、真面目に学んできた学生は実習に行きます。養成校の教員も学生の可能性を信じ、折にふれて保育の魅力を伝えていますが、Ｓさんは「私は保育者にはならない」と言っていました。そんなＳさんが、２回目の保育園実習を終えて戻ってきて、「私、保育園に就職します」と報告に来ました。その言葉通り、Ｓさんは保育園に就職し、すてきな保育者として今も生き生きと働いています。

　Ｓさんを変えたのは、実習先の保育者でした。子どもに向けられた温かなまなざし、保育への思いを語る熱心な姿、そんな保育者を慕う子ども、信頼を寄せる保護者、Ｓさんはすてきな保育者と出会い、心が動きました。このような事例はけっして珍しくありません。すてきな保育者との出会いが、もう一人のすてきな保育者をつくります。

　一方、「もう、保育者にはならない」と学生から残念な話を聞くこともあります。聞けば、「休憩室で先生が、子どもの悪口を言い合って笑っていた」「先生同士、仲が悪くて居たたまれなかった」「先生が疲れていて、保育をしていても楽しそうではなかった」「直接指導をしてくれず、陰で悪口を言われた」……などなど。

　保育者が実習生に与える影響は、思った以上に大きなものです。

3 保育現場の人材育成としての実習指導

保育現場からの提言①
組織（園）として取り組む実習指導

　保育現場は、絶えず、一人ひとりの職員の資質向上と職員全体の専門性の向上を図るよう努めなければなりません。「保育」という営みは、本来、人が人を育むという行為であり、保育所等はそのための施設です。入所する子どものみならず、次代の保育者を育て、指導することを通して、自らの施設の保育を見直し、改善し、保育人材の質を確保することもまた、求められています。

　しかしながら、現在の保育現場では、看護師教育のプリセプターシップ制度のような仕組みがありませんし、実習指導を行う保育者の指導技術習得のための研修会の開催もようやく始まったばかりです。また、就学前の保育現場ではありますが、保育園・幼稚園・認定こども園等、施設によって法に基づく体制や設置者、経営方針、教育・保育方針、教育・保育目標、保育内容や形態に違いがあるといえます。そのことをふまえたうえで、保育の将来を担う人材を育成することは、組織（園）としての社会的な責務の一つです。そのために留意している事柄をいくつかあげてみます。

○実習生を受け入れるために、組織（園）としての姿勢を明確に示す実習受け入れマニュアルを整備する。

---

① 実習受け入れの意義や目的等の明確化

② 施設・法人の概要

③ 実習受け入れ時の確認事項
　・組織内の理解や保護者への説明・了解
　・実習受け入れ準備
　・実習受け入れを進める園での体制と担当者の役割

④ 実習指導者の役割

⑤ 職員の共通認識　など

⑥ 子どもの人権を守るということを基本に考え、システムの運用の可否と検討（実習指導者の資格要件、位置づけ等保育士の専門性と社会的評価を高めるためのシステムの構築・運用について検討）

保育者には、毎日の保育実践とその振り返りを通して、その専門性の向上が求められています。園全体での保育実践の質および専門性の向上、保育の社会的評価につなげるためにも、保育者それぞれがそれぞれの役割を果たすことによって、共通の目的を達成する連携、チーム保育を基本に、実習指導を行いたいと考えています。

　　　佐藤秀樹
　　　（社会福祉法人積善会理事長、こどものくに園長、
　　　社会福祉法人全国社会福祉協議会　全国保育協議会副会長）

保育現場からの提言②

こども園の独自性を活かした実習指導

　認定こども園は幼稚園機能と保育所（園）機能をもっていますので、「幼稚園実習」と「保育所実習」双方を受け入れることができます。そのため、養成校への受け入れの際は、幼稚園か保育所（園）のどちらでの実習かを確認して、「認定こども園」であることの了解を取っています。実習生へのオリエンテーションでは最初に「認定こども園」の特徴である短時間児と長時間児が一緒に生活する場であること、教育と福祉の両機能をどのように効果的に活かし合っているかを伝え、理解してもらうことから始めていくことが大事ではないかと考えています。

　当園の例では、幼保連携型として１号、２号、３号児のゼロ歳から就学前までのすべての園児は、保育室や園庭で共に生活し合い、どの子も温かく家庭的な環境の中で、お互いの信頼関係の築きを大切にして、年齢や個々の主体的な育ちを尊重した保育に取り組んでいます。

　乳児（３歳未満児）保育は、愛着の形成、小グループでの保育を大切にしています。特に、３歳以上の園児は、年齢別の学級編成や異年齢グループ編成を通して、園舎や園庭のすべてを使ったゾーン（コーナー）保育の中で、子ども自らが挑戦したくなる環境と、年齢にかかわらずお互いに助け合い、支え合える保育から、自主性や挑戦する体験や協調性が身につくことを目指した保育となっています。

第3章 実習生の受け入れに向けて

●今日の保育から明日の保育への連続性

そして1号認定児が降園した午後の時間は、3号担当の保育教諭が午睡時間に交替で園庭などの片づけをしたり、午睡後の時間は1号担当保育教諭が2号や3号認定の生活を補助したりと、自分の担当を超えて、全職員が全園児と過ごすことを前提にしています。そのための共通理解に向けて、毎朝8時15分から15分間と夕方4時30分前後に、遅番シフト以外の保育教諭が集まり、その日の保育で出された子どもの姿や翌日の保育に向けて、また長時間就労している保護者との信頼関係等を具体的な姿を出して話し合い、記録しています。

実習生はその日の役割や計画の振り返りを報告し、担当保育教諭からの指導を通して、認定こども園での子ども主体の生活や子ども自らが取り組む姿への配慮の重要さ等が理解できるよう話し合っています。実習生として保育の専門職を目指す一人として、必ず会議に参加し、保育を振り返り、確認する体験を重ねています。そのことを通して、今日の保育から翌日の保育への連続性や保育環境、そして子ども理解が次第に深まるよう配慮しています。

「すべての子どもの最善の利益」を目指す「幼保連携型認定こども園」での実習体験が、次代を担う子どもたちへの応援と役割の大切さ、保育の重要さや喜びの原点となればと考えています。

　　　　　若盛正城
　　　　　（社会福祉法人桜福祉会理事長、認定こども園こどものもり園長、
　　　　　特定非営利活動法人全国認定こども園協会顧問）

保育現場からの提言③

子どもの姿の記録を通した実習指導

実習担当の指導者は実習生に対する所持品・服装・提出物等の注意事項から始まり、園児や保護者に対する実習生の対応、秘密の保持義務、心構え、観察実習、参加実習、指導実習（部分・責任実習）の方法等の指導を行います。さらに実習後には、実習を通して得た問題や課題の確認をし、書類の提出作業等の指導をします。

実習生にとっては一日の保育の流れを知り、子どもの行動を観察し、その集団

行動を理解するとともに保育者の役割、援助の方法を学ぶことが主となります。要するに、保育者としてどう動き、指導や援助にあたるかというところに力点が置かれることが多いと考えられます。

　一方、実際の保育現場の基本としては、子どもの姿をどう理解していくのかが求められます。当園では実習の心構えとして各年齢の発達についての事前勉強をお願いしていますが、実際にはなかなか発達やその年齢の特徴をつかみとることは難しく、実習ノート上でも記述等の仕方に苦慮していると感じていました。

●実習指導におけるドキュメンテーションの導入

　そのような中、当園では実習指導（実習生との打ち合わせ）の中心としてドキュメンテーションを用いて保育の記録を行うようにしています。保育者や実習生等が観察および援助、指導にあたっている状況ばかりではなく、実際には子どもの洞察とともに子どもの姿をどうとらえていっているのかという核心的なことにまで及ぶので、その効果は十分にあると考えています。

　最初は、実習生もドキュメンテーションの作成に時間や労力を要しますが、逆に現在の学生にとってパソコン使用等は慣れており、大変おもしろい良質なドキュメンテーションが出来上がります。実習指導の焦点はここにあると思います。

　本来、実習は指導計画を立て、日々、技術や方法などについて指導を受け、職員間の役割分担やチームワークについて理解します。一方、実際の現場では子どもへの保育者としてのかかわりの部分が主であり、実習するということは子どもがそこにいるという、最も子どもを理解できる場でもあるので、子どもの姿は前述したかかわりの部分と裏表にあります。

　ドキュメンテーションについては、次のように進めてもらっています。

---

① 　ドキュメンテーションの作成の仕方を知る。

② 　観察実習において実習生がドキュメンテーションを作成する。その場合、保育者のかかわり方や言葉がけ、安全への配慮をドキュメントしてもらい、役割や援助の方法を学ぶ。

③ 　一方、子どもの姿を洞察し、心情・意欲・態度を読み取っていく。もちろん、子どもの発した言葉や動向も大事なドキュメントになります。つまり子どもの行動を観察し、個別および集団行動を理解していくことになるのです。

第3章　実習生の受け入れに向けて

④　指導実習（部分実習）では、実際に担任の助手的な仕事に参加し、保育を体験的に学びます（乳幼児の安全、衛生面での配慮の仕方や絵本、紙芝居、手遊びなどの実習をする等）。指導実習では、他の先生に作ってもらったドキュメンテーションを通して子どもの姿を学んでいきます。実際には立ち位置はこちらのほうが安全、違う言葉がけがよかったなどと言いながら、子どもへの取り組み方や個人差の配慮、子ども同士のかかわりを理解し、対応の方法を学んでいきます。職員間の役割分担やチームワークについても理解していきます。

⑤　このように日々、技術や方法などについて指導を受け、いよいよ次の指導実習（責任実習）になります。当園ではこの日の同じ場面を指導者と実習生がそれぞれドキュメンテーションします。実際に実習を行っている立場と第三者を通して得た保育の問題や課題を確認するとともに、総括的な助言や励ましを受けます。この場合においても現在の子どもの姿を理解するとともに、人権尊重についての理解や発達していく子どもの未来を見つめる保育の良さを深められるよう指導していきます。

　実習において、子どもとのかかわりが好きという基本的なことに加え、保育の技術と子どもの姿の理解をもって実習が進められるように指導したいと常に考えています。

坂﨑隆浩
（社会福祉法人清隆厚生会理事長、こども園ひがしどおり園長、社会福祉法人日本保育協会理事）

保育現場からの提言④
ドキュメンテーション型実習日誌の実践

　実習生を多く受け入れている中で、実習生が最も負担に感じ、夜遅くまでうまく書けずに悩んだり、また指導する側の保育者も書かれた内容についてどのように指導すべきかを悩むのが実習日誌です。

　実習生はいくら養成校で指導されてきたとはいえ、その日の保育者の動きや子どもの様子を振り返り、文字として記録し実習録を作成することが大切です。記録を意識することで、保育者の動きや子どもの様子をきちんと見ることにもつな

がり、記録を文字で書くことがとても重要です。

　その一方で、実習は学生が子どもと出会い、子どもを理解し、子どもとかかわるという貴重な場でもあります。実習を経験しただけで、就職すればすぐに現場で保育者として働くことを考えると、実習を通して、より実践的な力を養う方法を、実習を受ける園側でも考えてみる必要があるのではないでしょうか。

　そこで、本園では、実習期間の後半に実習生にもカメラを持ってもらい、まずは文字中心の実習日誌に数枚の写真を取り入れることから始め、徐々に写真を中心にしたドキュメンテーションの実習日誌を作成してもらうようにしました。

　写真を使った実習日誌になると、最初はむやみに大量の写真を撮る実習生が多いのですが、写真を選ぶ段階になると、すぐに子どもの姿を見ていないことや子どもの言葉をきちんと聞いていないことがわかってきます。もっと子どもの姿をきちんと見なければいけないということに、実習生自らが気づいていくのです。このことに気づくと、たとえ実習生であっても、じっくり子どもにかかわることがどのようなことか、またどんな環境がその遊びに大事なのかなどを、実習生なりに写真を通して試行錯誤していくのです。

● **ドキュメンテーションを通した実習生の気づき、保育者の振り返り**

　実習生がこのようなドキュメンテーションをつくるようになってくると、担任保育者も実習生の写真から、子どもの様子を学ぶことができます。実習生だから見える子どもの姿や声は、担任保育者だけでは見えにくい場合も多々あり、実習生とともに担任保育者も今日の保育を振り返ることができるのです。

　本来の実習の目的とは、このように担任保育者や実習生の区別なく、子どものことを話し合える関係になっていくことではないかと思います。

　以下に、ドキュメンテーションの実習日誌サンプルと、ドキュメンテーションで実習日誌を作成した実習生の感想を示します。保育者としての資質向上には、実習のやり方にも工夫が必要な時代だと感じています。

第3章 実習生の受け入れに向けて

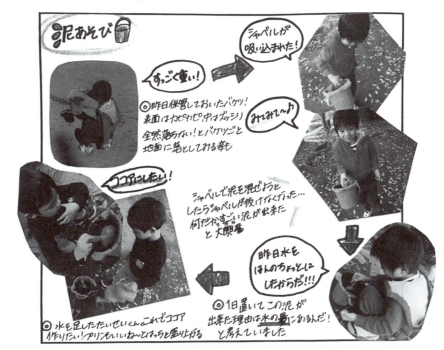

写真を中心にしたドキュメンテーションの実習日誌（サンプル）

〈学生の感想〉

　ドキュメンテーションだったからかもしれないけれど、日誌を書くのが苦ではなく楽しかった。日誌に子どもの遊びや自分の気づきを記録として書き残すことが大切だと思った。

　文字だけでもドキュメンテーションとしてでも記録として残すことは大切だけれど、今回改めて自分の書いた日誌を見返して、やはりドキュメンテーションで残した記録の方が見返したいと思うし、パッと見ただけで何があったのか思い出せた。

渡邉英則

（学校法人渡辺学園理事長、認定こども園ゆうゆうのもり幼保園園長、
港北幼稚園園長、一般社団法人全国認定こども園連絡協議会副会長）

Part Ⅱ

実践編

| 第1章 | # 実習指導の方法とポイント |

1 事前指導～オリエンテーション

❶ オリエンテーションとは

　オリエンテーションは、実習前に実習生が園を訪問し、実習園を理解したり、実習に備えて準備しておく必要があること等について確認できる機会となっています。実習生の緊張をほどき、実習への期待や意欲を高めるうえでも重要な場となります。オリエンテーションを実習生と向き合って行わなければ、実習生の不安を大きくしたり、実習に向けての準備ができなくなったりします。多くの実習生にとってはオリエンテーションで初めて園を訪問することとなります。実習生にとっても第一印象が決まる大事な機会となりますが、園にとっても園側の印象が決まる大事な時間となるはずです。実習生が実習を楽しみに思えるよう、オリエンテーションはていねいに行いましょう。

❷ オリエンテーションの内容

　オリエンテーションではどのようなことを実習生に説明すればよいのか、必要な項目について解説をしていきます。できるだけ実習生に寄り添う形でのオリエンテーションの実施が望ましいです。

●園の概要

　実習生に向けて園の紹介を行います。園の沿革、保育方針・理念、保育環境、子どもの数・クラス編成、職員構成、全体的な計画、指導計画等について実習生に説明しましょう。特に、園の方針・理念に関しては実習生が保育に参加するうえで、園の保育を理解することが重要となるので、必ず説明します。また、園の指導計画の説明も計画と実践のつながりを学ぶうえで重要です。指導実習（部分・責任実習）を行う際には、指導計画を参考にして指導案を立案します。実習生に提示することで、計画についての理解が深まり、実習を行ううえで取り組みやすくなります。

第1章　実習指導の方法とポイント

●実習課題・実習記録の確認・指導

　実習生があらかじめ考えてきている実習課題に関して確認を行います。実習で実習生がどのようなことを学びたいと考えているのかを把握することにより、実習生に経験してもらいたいことや、説明しなければならないことも変わってきます。併せて実習記録についても確認を行いましょう。各養成校によって実習記録の形式は異なっています。必ず事前に確認し、実習記録における諸注意（子どもの名前の記載や重点的に記録してほしいことなど）について説明します。

●実習計画

　実習計画に関しては実習生の実習課題と園の状況をふまえて、実習生と一緒に立てるとよいでしょう。実習生は実習に対して多くの不安を抱いています。その不安を少しでも解消するために実習生は事前準備を行います。その際に実習計画がわからなければ、実習生も何をどのように準備してよいのかわからず、不安が大きくなってしまいます。そのような不安をなくすためにも、実習計画を明確にし、説明することが必要となります。

　実習計画では、実習期間中の①クラス配属、②遅番・早番等の勤務日程、③行事・保育の予定、④指導実習（部分・責任実習）の予定、等を明確にします。特にクラス配属は重要です。クラス配属にはさまざまなパターンがあり、それによって学びの体験が異なるからです（**図表1－1**）。実習生の希望を聞きながら、例えば発達について学びたい場合には、すべての年齢のクラスを経験できるように配慮したり、子どもとじっくりかかわったり、保育の連続性を学ぶ場合には固定クラスで継続的に実習できるようにします。

　園の状況によっても配属できるクラスが変わってくるので、園の状況を実習生に説明し、配属クラスを決定するようにしましょう。もし、予定していたクラスを変更する場合は、可能な限り実習生には事前に連絡するようにしましょう。

●実習を行ううえでの諸注意

　実習を行ううえで実習生に知っておいてほしいこともあります。実習生の出勤・退勤時刻や通勤時・保育中の服装、持ち物、給食費などは伝えておかなくてはならないことです。また、保育中に気をつけてほしいこと、子どもや保護者とのかかわりで気をつけてほしいことなどを説明します。守秘義務についても確認しておくことが大切です。

＜パターン１＞すべてのクラス（年齢）で実施の例

| 1日目 | 2日目 | 3日目 | 4日目 | 5日目 | 6日目 | 7日目 | 8日目 | 9日目 | 10日目 | 11日目 | 12日目 |

| 5歳児 | 5歳児 | 4歳児 | 4歳児 | 3歳児 | 3・4・5歳合同 | 2歳児 | 2歳児 | 1歳児 | 1歳児 | 0歳児 | 0歳児 |

| 0歳児 | 0歳児 | 1歳児 | 1歳児 | 2歳児 | 0・1・2歳合同 | 3歳児 | 3歳児 | 4歳児 | 4歳児 | 5歳児 | 3・4・5歳合同 |

| 0歳児 | 0歳児 | 1歳児 | 1歳児 | 2歳児 | 0・1・2歳合同 | 3、4、5歳児異年齢クラス |

＜パターン２＞一部固定クラスで継続的に実施の例

| 0歳児 | 1歳児 | 3歳児 | 4歳児 | 5歳児 | 3・4・5歳合同 | 希望クラス　例：2歳児 |

| 0歳児 | 2歳児 | 3歳児 | 3歳児 | 4歳児 | 3・4・5歳合同 | 希望クラス　例：1歳児 | 希望クラス　例：5歳児 |

＜パターン３＞固定クラスで継続的に実施の例

| 希望クラス　例：1歳児 | 希望クラス　例：4歳児 |

| 希望クラス　例：3歳児 |

＊保育実習は90時間を必要とし、養成校によって10〜12日間を設定しています。
＊上記クラス配属のほか、子育て支援センター、一時保育等の配属も考えられます。

図表1−1　実習クラス配属パターンの基本

●保育の様子

　実習生が入るクラスの様子、現在子どもたちがどのような遊びに関心をもっているのか、どのような歌を歌っているのか等、保育の様子を具体的に説明しましょう。

●学生からの質問対応

　上記5つの項目に関して説明した最後に、実習生からの質問に対応しましょう。こちらが説明の必要性を感じないような小さなことでも実習生にとっては不安の種となることもあります。この機会に不安を取り除くことができるように質問への対応を心がけるようにしましょう。

❸ オリエンテーションの方法

　オリエンテーションの実施に関してはさまざまな方法があります。実際のオリエンテーションは、園長等、実習指導の責任者から説明を受けることが中心ですが、以下のような方法を取り入れることも効果的です。

●園を見学する

　園の中を案内しましょう。初めて訪れる園で緊張している実習生にとって、少しでも園の中を見せてもらえることは、園についての理解を深める大切な機会となります。子どもたちの様子や保育者の雰囲気、園の保育環境について知っておくことで事前準備に役立てることができます。

●保育を体験する

　オリエンテーションというと、実習生がスーツを着て、園に訪問するスタイルが定着しつつありますが、例えば、保育のできるような格好をしてきてもらい、オリエンテーションの説明が終わった後に実習生が保育の場を体験するというような機会を設けてみるのもよいと思われます。実習の際にクラスに入るのではなく、オリエンテーションの際に子どもたちとかかわり、その園の保育を体験してみることも実習生にとってよい体験となるでしょう。長時間ではなく30分程度でも十分ですので、可能であれば、そのような体験の時間を取ってみるのもよいでしょう。

保育現場から〜オリエンテーションの実際〜

ある園でのオリエンテーションの実際を見ながら、オリエンテーションの際、「園で用意しておきたいこと」のポイントを紹介します。

> ✏️ **エピソード1　保育現場と養成校をつなぐ学びになるように**
>
> 「詳しい打ち合わせに入る前に園内を歩いてみましょう」。実習担当の先生は実習生との挨拶が済むと、こう言って先に保育見学をすることにしました。実習生の緊張をほぐし保育の意味を理解してもらうためにも、まず子どもの姿を見てもらうことがよいと、考えているからです。

 ポイント❶　実習生が、養成校にはいない子どもと家族がいるという事実を実感する意味（臨床の場であること）

実習を受け入れる側にとって、園に子どもや家族がいるのは当たり前ですが、養成校には子どもも家族もいませんから、実習生にとって貴重な臨床の場、経験の機会となります。実習は養成校での学びを実践に活かし、また、実践の中での学びを養成校での学びに活かす協働の場でもあります。その意義をオリエンテーションで確認し合うことが大切です。

> ✏️ **エピソード2　先生が実習生を子どもたちに紹介する**
>
> 実習生を案内しながら、先生は「Aちゃん（0歳児）は、最近人見知りが始まっているから、あなたの姿を見たらどう思うかしら」と楽しそうです。「Bくん（5歳児）は、画用紙に絵を描いて絵本づくりに夢中なんですよ。ちょっと見せてもらいましょうか」と子どもに実習生を紹介しています。

 ポイント❷　実習とは連続する園生活をつくるメンバーの一員になるということ（保育における生活の連続性）

子どもは家庭と園の生活の主人公です。その育ちを保障する保育の要諦の一つは「生活の連続性」です。家庭や保育園での生活の実際を実習生に説明しましょ

う。指導計画をつくるためにどのように家庭と連携を図り、子ども一人ひとりの生活状況や育ちをアセスメントしているのかを伝えましょう。その際、長期と短期の指導計画の役割の違いや特徴を伝えるようにしましょう。

> **エピソード3　「輪の種類を増やしてあげたいな」**
>
> 　実習担当の先生は「こうやって、思い思いの遊びを楽しんでいます。私たちはその様子をよく見て、何をやりたがっているのか、その遊びの中で何を学んでいるのかを理解するようにしているんですよ」と話します。そして「今、Cちゃん（2歳児）が輪にさっと紐を通しているでしょ。4月には、なかなかできなかったんですよ。輪の種類を増やしてあげましょう」と言って担任に声をかけました。そして、担任の先生に「この様子、保護者に伝えたかしら？」と聞いています。

ポイント❸　どんな生活が展開されているのかを知り、実習の時期の子どもの学びを予想しておくこと（保育における計画の意味）

　保育は計画通りに大人が展開するものではありません。子ども一人ひとりの興味や関心に応じて活動（生活や遊び）を選択でき、その実現の中で教育のねらいと内容が達成されていきます。その保育のプロセスには省察（振り返り）があり、そのつど、計画の変更（環境の再構成や人間関係の再構築）が積み重ねられていきます。実習の時期にどのように変化する可能性があるのか、いくつかを一緒に思い描くとよいでしょう。子どもの育ちを喜び、保護者と共有することが子育て支援の基本であることも理解してもらいます。

ポイント❹　子どもと触れ合う中で自分の中にわきあがる「子どもへの願い」が指導計画になる意味（子ども理解から指導計画へ）

　あらかじめ指導実習（部分・責任実習）での内容を予想することは大切ですが、保育は現実の子どもたちの実態（興味・関心や発達の状態）に応じて変えることのほうがもっと大切であることを確認しておく必要があります。実習中に子どもと接する中で、「ああ、こんなことをやりたがっているのか。それならこんなことを用意してみよう」と感じたり、考えたりできることが保育だからです。この「子ども理解に基づく保育者の願い」が指導計画を導くことになります。養護も教育も、このつながりが保育の過程の質を支えていることを実習生に納得してもらうとよいでしょう。

2 実習期間中の指導

❶ 子ども・保育の観察

　実習全体を通じて、観察による学びは重要です。「保育実習Ⅰ」と「保育実習Ⅱ」の違いと実習生の課題や関心をふまえたうえで、それぞれ初期・中期・後期といった実習の段階に応じて、観察する際の視点について助言します。実習生自身の気づきを大切にしながら、保育者は日頃どのようなことに目を向けて保育を行っているのかということを、わかりやすくていねいに伝えましょう。保育者の「まなざし」を知ることは、子どもの姿をさまざまな視点から多面的にとらえることの意味や、子どもの内面および保育者の意図・配慮等について、実習生が理解を深めることにつながります。

● 現在の保育についての把握

　実習初期の段階では、まず観察の具体的な方法（立ち位置、メモの取り方、記録作成時の整理の仕方など）を確認したうえで、現在の保育を知ることを目的とした観察が中心となります。特に「保育実習Ⅰ」の前半や、実習期間を通して複数のクラスに配属される場合の各クラスにおける初日は、どのような保育の見通しのもとで今の保育が行われているのかを伝えます。配属クラスの指導計画（年間・月間・週日案など）やデイリープログラムを用いて、一日の流れや現在の子どもたちの遊び・活動の状況、保育者が配慮しているポイントを説明します。

　中でも、低年齢児の食事から午睡に至るまでの援助や子どもたちが保育室からホール・園庭等へ移動する際の流れ、一日を通しての静的な遊びと動的な遊びのバランスへの配慮といったことは、その時々の子どもたちの実態や保育環境に応じて園ごとにさまざまに工夫されていることが多いと思われます。これらの場面において、保育者等の職員の連携体制やおおよその時間の目安、子どもたちのグループ構成などはどのようになっているのか、あらかじめある程度わかっていると、実習生も観察の際に注意を向けるべきことを意識しやすくなります。

● 子どもの理解

　乳幼児期の発達の過程について、養成校での授業を通じて知識としては習得し

ていても、それらが実際の子どもの姿としてどのように現れてくるものなのかということは、子どもたちとかかわってみなくてはわかりません。育ちの実際を体験的に理解するということは、実習においてこそ得られる新鮮で貴重な学びです。実習生にとって、知識と実践が結びついた理解となるよう、はたらきかけが必要です。

　低年齢児クラスの子どもたちの月齢による身体・行動面の違いや、年齢別クラスによって子どもたちの様子や保育の内容が異なることなどは、実習生にもとらえやすく、またその印象も強いものです。もちろんそれらも重要ですが、保育においては、「できること・できないこと」の違いや身体的な成長だけではなく、発達についてのより本質的な理解が求められます。発達の諸側面が相互に影響していること、発達の進み具合やバランスは一人ひとり異なること、子どもが豊かな体験を重ね、その中でさまざまな心情を味わい、意欲や興味関心をもって周囲の環境にかかわり合いながら新たな能力を獲得していく過程全体が重要であることなどを、目の前の具体的な子どもの姿を通して実習生に伝えていくことを意識しましょう。限られた実習期間で実習生がこれらすべてを十分に理解することは難しいですが、こうした保育者としての基本的な発達観をもって子どもたちをとらえる姿勢を身に付けていくことは、大変重要です。

　あわせて、保育者は子どもの思いや願いをどのように汲み取っているのかということについても、具体的な手がかりをあげながら伝えます。言葉だけでなく表情や視線、最近あったことや家庭での出来事が今日の姿にどのようにつながっているのかという文脈的な理解、一人ひとりの個性や興味関心、好きなことや苦手なことなど、保育者にとっては日々行っていて当たり前となっている観察ポイントでも、実習生は気づいていなかったりすることが多々あります。

　さらに、子どもと保育者や友達といった他者との関係性、グループやクラスの集団の中での様子・状況など、個としてだけでなく人とのかかわり合いの中での子どもたちの姿にも目を向けるよう促すことも大切です。

●保育環境や保育者による援助の理解

　保育室など保育を行う場所の広さや構造、子どもの人数・年月齢の構成、保育者の配置などの条件は、園によってそれぞれ異なります。その中で保育所保育指針（以下、保育指針）に示される「保育の環境」にかかわる基本的な考え方を基盤に、各園の保育目標や指導計画等をふまえて環境が構成されていることについ

て、実習生が理解することが求められます。安全や衛生の管理と養護的な環境、子どもの発達や集団としての生活の流れに基づいた遊び・生活の充実のための環境といった、環境をとらえるうえでの重要な観点から具体的にどのような配慮や工夫がなされているのか、日々の点検のポイントや環境の再構成なども含めて伝えます。

　保育者による援助についても、同様に、子どもの主体性と自発的な遊びや活動を尊重する基本姿勢のもとで、その時々の状況に応じたかかわりや言葉かけの意図・配慮がどのようになされているのかということに、実習生の意識が向けられることが重要です。実習が進んだ段階では、見守りや待つ姿勢といった一見とらえにくい援助や、遊びの展開を誘うさりげない提案、保育者間の連携といった面にも着目して観察するよう促すことで、実習生の保育についての理解がより深まると考えられます。

❷ 子どもとのかかわり

　少子化や地域におけるつながりの希薄化が進む中、子どもと触れ合った経験の
とぼしい実習生も少なくないのが現状です。多くの実習生が、実習に対する意欲
や期待の中にも、子どもとどのようにかかわればよいのか、自分は子どもたちに
受け入れてもらえるだろうかという緊張や不安を抱きながら実習を迎えます。一
方で、実習において子どもたちと心が通い合い、共に過ごす楽しさや成長を見守
る喜びを実体験として味わうことは、保育者の養成課程全体を通じて他では得が
たい大きな収穫となります。この体験が、その後の学びや保育者として働くこと
への非常に大きな原動力となることは言うまでもありません。

　実習の段階に即して、子どもとのかかわりについての実習生の目標は、観察か
ら保育への参加へとよりふみこんだ主体的なものに進んでいくことが期待されま
すが、その際に大切なのは、実習生の保育への参加が子どもたちの日常の保育の
流れに沿った自然な形でなされることです。「実習生による保育」が毎日の子ど
もたちの生活から切り取られた特別な時間に位置づけられ、実習生の意識や努力
が実習を滞りなく成し遂げるためだけのものに終わらないよう、支えていくこと
が求められます。

● 子どもとの関係をつくる

　「保育実習Ⅰ」および「保育実習Ⅱ」いずれにおいても、まずは実習生と子ど
もの間に一定の信頼関係がつくられることを目指して、かかわりは始まります。
配属されたクラスの子どもたちと過ごすのはわずか1、2日間のみという場合で
あっても、実習生にとってはもちろんのこと、子どもたちにとっても保育の中で
の大切な出会いであるということを、実習生自身がしっかりと認識する必要があ
ります。保育指針にも示されているように、人とのかかわりを通して育っていく
ことは、保育の基本であるからです。

　子どもたちと視線を合わせて挨拶をすること、自然な笑顔を心がけること、
「○○ちゃん」と名前をつけて自分から呼びかけることなど、日常生活であれば
ごく当然なことも、実習生によっては緊張のあまり思うようにできないことがあ
ります。実習生の「できていないこと」にことさら意識を向けるより、保育者が
さりげなくモデルを示しながら実習生と子どもの間の雰囲気を打ち解けたものに
するといったサポートのほうが、効果的なことも多々あります。

実習生が自己紹介をしたり子どもとの会話の糸口をつくったりするのに、手づくりの名札が役に立つことがあります。また、簡単な手遊びや絵本の読み聞かせなども、子どもとかかわるきっかけをつくることに生かすことができるでしょう。初対面の際の不安や緊張をほぐすための手段の一例として、事前のオリエンテーション時にそうしたことをあらかじめ助言し、実習生自身の心構えを促しておくことで、実習開始後の子どもとの交流がスムーズに行えるようになることが多いようです。

● **場面・状況に即してかかわる**

実習初期の観察を中心とする段階から、子どもたちと一緒に遊んだり活動したりすることによって、実習生は子どもたちの生活の様子や一日の保育の流れを把握していきます。同時に、大勢の子どもが寄ってきて口々に話しかけてきたとき、目の前で子ども同士のいざこざが生じたとき、遊びをやめたくなくてなかなか次の活動に移れない子どもがいるときなど、実際にかかわってみると「こんなときにはどうしたらいいのだろう」という場面に次々と出会うことにも気づくでしょう。そうした戸惑いや疑問をそのままにせず、そのつど保育者に質問したり振り返りの際に考察してみたりすることが、保育者による個に応じた援助の理解につながります。子どもたちとかかわってみたからこそ生じる「困った」「迷った」経験を学びのチャンスとしてとらえるという姿勢が、実習生と指導する保育者双方の間で共有されることが重要です。

● **保育の一部を担当する**

実習の中期以降は保育者の業務を具体的に理解しながら、実習生もチームの一員としてさまざまな役割や援助の方法を実際に体験できるようにしていきます。翌日の環境整備や行事の準備等、子どもと直接かかわらない業務の場合にも、その意味や目的などを明確に説明し、そうした業務も保育の一環であることを伝えます。

これら一連の経験と、記録を通じたその振り返りを重ねることが、保育の循環的な過程をふまえた指導実習（部分・責任実習）へとつながっていきます。子どもとのかかわりをふまえて、子どもは今どのようなことに興味をもつだろうか、どのような内容や環境であれば「やってみたい」と意欲をもち、楽しめるだろうかといったことを具体的に思い浮かべることができるようになり、それが指導計

第1章 実習指導の方法とポイント

画のねらいや内容の柱となっていきます。さらに、子どもの実態に即して必要な環境の構成、準備する材料・道具、配慮すべきこと、予想される子どもの動き・反応等々、具体的で実行可能な計画作成の見通しを得ていきます。

❸ 実習記録

　実習記録（日誌）の指導における実習指導者の主な役割は、
① 実習生の記録について助言し、実習生の振り返りによる考察が深まり、確実なものとなるようにすること
② 実習生が自らの今後の課題に気づくようにすること
です。記録することによって、実習生が自身の体験を確認する、改めて見つめなおす、次の実習の課題・目標の設定や準備をすることが可能になります。

● 記録の意義を共有する

　保育現場にはさまざまな記録があり、それぞれに意義があります。では、実習の記録の意義とは何でしょうか。実習全体を通しての大きな意義は、上述したように、実習生が自らの体験を振り返り、次の実習でのより深い学びに役立てることにあります。

　また、実習の段階に応じて、例えば、保育者の言葉かけや環境の構成などに着目しその目的を考えながら書いてみるなど、実習生の設定した課題に沿って要点を絞りながら記録を作成するよう指導することも重要です。実習生に、実習の課題と記録をしっかりと結びつけて意識するよう促すことで、「今日はここをよく見ておこう」と目的を明確にもって実習に臨むことができます。

　実習の効果をより高めるうえで、「記録のための記録」ではなく、自らの学びを深めるために記録するという記録の本来的な意義を、実習生と実習指導者が共に認識していることが重要です。

● 実習生の学びを深める記録の指導とは

　実習生の記述の中には、しばしば本人も明確には意識していない保育に対するさまざまな気づきが含まれています。例えば、午睡時の着脱場面で「子どもの着替えの援助をする」ではなく「『自分でできたね、よかったね』と子どもに喜びを伝えながら、必要なところだけ手伝うようにしていた」と記述している場合、実習生は子どもの発達の状態や保育者の意図に目を向けて、場面をとらえている

45

ことがわかります。実習指導者がそうした実習生の気づきをていねいに読み取り、また「昨日とはどのようなことが違っていたと感じましたか？」「この部分はどうしてそのように解釈したのですか？」などとはたらきかけることで、実習生も自身の気づきをより明確に意識化することができます。

　同様に、実習における疑問や悩みが記述からうかがわれることもあります。「わからないことや困ったことはありませんか？」と尋ねたとき、その場では出てこなかったようなことが、記録を通して体験を振り返り整理した際に改めて浮かび上がってくることは少なくありません。また、実習生自身はわかったつもりになっていても、記述から誤解やズレが生じていることがわかるということもあります。

　実習指導者がこうした実習生の気づきや疑問・悩みを記述から汲み取り、それらを認め、受け止めているということを、振り返りの際の対話や記録へのコメントを通して本人に伝えていくことは、実習生の理解を深めることや実習に対する意欲を高めることにつながります。実習生の学びを引き出し肯定する実習指導者の姿勢が、効果的な実習を支えます。

●時系列の記録からエピソードの記録へ

　実習の記録の形式で特に多い時系列の記録では、朝から夕方まで、一日の流れに沿って子どもと保育者、実習生の動きを書いていくことになります。子どもの一日の生活と保育者の業務の全体像についての理解を確実なものにするために必要な形式ですが、すべてを詳細に記述することは難しく、また、あまりに細かいとかえって後で読み返す際にどこに重点を置いているのかわかりづらいといったこともあります。先述したように、課題に沿って特に着目する点や場面を絞って記述するよう指導することが重要でしょう。

　一方、その日の印象に残った保育場面を抽出してエピソードとして記述する形式もあります。まずどの場面を選ぶかということを含めて、実習生が遭遇した保育の一場面を詳細に記録しながら考察を加えていくという作業は、保育を理解するうえで大変有効です。エピソードについての記録を重ねることで、子どもの心情や行動の理由、保育者の援助、その後の展開といった一連の流れを文脈的にとらえる視点が培われます。

　実習における一日の流れをおおむね理解することができたら、以降はこのエピソードの記録を中心に考察を深めていくとよいでしょう。実習生の解釈や考察が

不十分なこともあるかもしれませんが、それをもとに子どもの最近の状況を知らせたり、日頃から保育者が心がけたりしていることを伝えていくようにすると、より保育の連続性についての視野が広がるでしょう。

●実習記録の指導における留意点

毎日の実習の記録作成は、慣れないうちは非常に時間がかかったり、どの程度細かく書けばよいのかわからず戸惑ったり、状況や子どもの様子、保育者の援助を記述する適切な言葉や表現を選ぶことが難しかったりすることも少なくないため、実習生によっては記録に対して負担感や苦手意識をもつ人もいます。そうした実習生には、「この記録では不十分だから、もう少しよく考えて書いてみなさい」「この表現は保育では使いません」といった漠然とした指示や、理由を伝えずに「適切な書き方の例を赤字で書いておいたから、その通りに修正しておきなさい」といった指導では、あまり効果がないことが多いようです。

まずは５Ｗ１Ｈ（いつ・どこ・何・誰・なぜ・どのように）を意識して書いてみる、客観的な事実と自分の読み取った子どもの表情・言葉・動き、保育者の援助とその意図や配慮を整理して示す、環境や集団の動きなどについては図を活用するなど、実習生の状況や記録の目的をふまえて、具体的なポイントを段階的にわかりやすく伝えましょう。

記録に対して、自信をもてず、不安になっている実習生はかなりいます。実習生の記録へのコメントで大切なことは、まず、記録の中で良かったことを伝えることです。不十分な記録であっても、子どもを見る目、保育を見る目の基本に通じるものを見いだすことです。指導者に認められ、具体的な記録のアドバイスにより、不安感から解放され、もっと子どもを観察しよう、もっとかかわってみようという意欲の高まりにつながります。

❹ 指導実習（部分・責任実習）

　実習後半になると、実習生が保育を計画し、準備、実践する体験をします。このことを指導実習といいますが、短時間の保育を行う場合を部分実習、一日ないし半日程度の保育を行う場合を責任実習と呼んでいる養成校や園もあります。それでは、どのような指導実習（部分・責任実習）を実施し、指導していけばよいのでしょうか。その考え方とポイントについて確認しておきましょう。

● 従来の部分・責任実習を見直す──「保育の過程を体験する」指導実習への転換

　従来、部分・責任実習というと、その多くが活動提案型の一斉的な保育が中心でした。しかも、実習生があらかじめ考え、準備してきたことを、日常の保育とは切り離して実践することも少なくはありません。このような部分・責任実習をあらためて見直すことが必要です。

　本来、保育とは目の前の子どもを理解し、その子ども理解に基づいた計画の立案、計画に基づいた実践、評価・反省、改善といった一連の過程であるはずです。部分・責任実習において、目の前の子ども抜きに、計画を立案し、実践するということは、保育の現場で大事にされている子ども理解を重視した保育とは、かけ離れた体験を実習生がすることになります。実習生は養成校においても、保育における子ども理解の重要性、子ども理解に基づく計画の立案についてその理論を学んでいます。実習の場で実習生は理論と実践とを統合していくことが求められていますが、活動提案型の一斉的な保育においては統合どころか矛盾を抱えてしまうということになります。また、実践したらそれで終わりではなく、実践したことを振り返り評価・反省すること、しかもその評価・反省に基づいて改善するところまで体験することが大事なのです。従来の偏った部分・責任実習の枠組みをいったんはずして、「保育の過程を体験する」部分・責任実習へとその考え方の転換が求められています。

● 日々の保育の連続性を重視した指導実習（部分・責任実習）

　指導実習を「保育の過程の体験」ととらえ、保育者が日々実践している保育の流れの中に実習生の指導実習を位置づけ、展開できるように指導することが大切です。それは、日々の保育の連続性を重視した指導実習です。

　先月、先週、子どもがどのような姿であったか、その中でどのようなねらいを

もってどのように保育が進められてきたか、保育者からの説明と、実習生なりに目の前の子どもとその保育について理解したことに基づいて、子どもたちがどのようなことに興味をもってどんな遊びをしたいと思っているか、子どもたちが今、何を経験することが大切かについて考えて保育を計画し、実践する体験が実習生の学びに重要な意味をもっています。

　実習生だから何か特別な体験をさせなければならないと考えて、実習生のために特別な場を用意して日常の子どもの姿や保育と切り離されたところで保育を体験しても、それはほんとうの意味での保育を体験したことにはならないでしょう。

● 多様な指導実習（部分・責任実習）──日常の保育を体験する

　保育の方法や内容が多様なように、指導実習も多様であってよいのです。活動提案型の一斉的な保育もその１つであり、従来の部分・責任実習が否定されるものではありません。しかし、指導実習＝活動提案型一斉的な保育ではありません。

　子どもの自発的で自由な遊びを中心とした保育を重視しているある園で、実習生の指導実習で中心となる活動は、必ず実習生があらかじめ考えてきた活動を一斉的な保育の形態で展開していました。実習生から、「園の保育方針や日々の保育の流れを見ていると、子どもたちが好きな遊びに取り組めるような計画にしたほうがよいように思う」「でも、何かクラスで楽しめる活動を考えてくるように先生からは言われている」、自分としても事前に製作活動や運動遊びなどクラスで一斉に楽しめる内容を考えてはきたが、ほんとうにこれでよいのかと、訪問指導に来ていた養成校教員に相談がありました。養成校教員が園の先生に尋ねてみると、指導実習は一斉的な保育の体験が養成校から求められているものと思い込んでいたといいます。実はこのようにとらえている園は少なくありません。

　指導実習は、各園の保育方針に基づき、日常展開されている保育を体験することが実習生の学びにとって意味ある体験となります。活動提案型の一斉的な保育もその１つですが、これだけに限定されてしまうと、その他の多様な保育の実践を体験し学ぶことができなくなります。実習だからと、特別におぜん立てをした形で保育を体験する指導実習は、実際の保育と乖離した体験となり、かえって実習生の学びを混乱させます。各園で大事にしている保育の実践を実習生も体験できるよう指導すればよいのです。保育の実践の形が多様なように、子どもの自発的な遊びを予想し展開していく保育、個別的なかかわりが重視される乳児の保育等、指導実習も多様な形で指導していくことが求められます。

❺ 実習指導案の作成

　指導実習（部分・責任実習）の実施にあたって、実習生はその担当する保育の計画を立案します。この実習指導案の作成にあたって実習生をどのように指導していけばよいのでしょうか。実習指導案が書けずに苦しい思いをする実習生も少なくありません。また、保育者も実習指導案の作成指導では苦労しているようです。ここでは、実習指導案作成の指導の実際とそのポイントを確認します。

●園の全体的な計画・指導計画を実習生に提示する

　「保育の過程の体験」「保育の連続性」を重視する指導実習（部分・責任実習）とするためには、実習生が園の保育の計画について理解することが必要です。実習生には早い段階で、園の全体的な計画や指導計画を閲覧する機会を設けましょう。しかし、実習生一人の力で、その保育の計画を理解することはまだ難しく、実際の保育とのつながりをもたせながら説明をすることも必要です。

　まずは園の保育の計画を実習生なりに理解し、その保育の連続性の中で実習生が指導実習で何をねらいとし、何をするかを考えられるように指導していきます。実習生は、実習指導案の立案の基本は養成校で学び、実際に養成校で用意した書式を用いてシミュレーション的に実習指導案を立案するなどしていることでしょう。しかし、養成校で用意された実習指導案の書式はあくまでも1つの例であり、これを用いなければならないというものではありません。各園で展開される保育を実習生も体験することが大切ですので、各園の保育の計画に合った書式を実際に提示し、状況によっては園の書式を用いるとよいでしょう。

●日々の保育の振り返りでの「対話」を通して一緒に考える姿勢で指導する

　実際の子ども理解に基づいた実習指導案の立案は、多くの実習生にとって初めてであり難しいものです。最初からすべてを実習生に任せていくことは望ましくありません。日々の保育の振り返りを実習生と対話しながら行うことで、実習生は子ども理解が深まります。実習生なりの子ども理解を対話の中で引き出し、子どもの興味や関心をとらえ、どのような活動を楽しめそうか、実習生と一緒になって考える姿勢が指導のうえでは大切になります。子どもが活動を展開していくときのイメージも実習生はなかなかもてませんので、具体的に子どもがどんなふうに動くだろうかと一緒になって想像しながら、必要な環境や援助を対話の中

で実習生とともに考えていきます。

●実習指導案の出来栄えよりも立案の思考過程を大切にする

実習指導案がしっかり書けることは大切なことですが、実習生が子どもたちは何を楽しむだろうか、この活動をするときにどんな反応をするだろうか、そのときに必要な環境や援助は何だろうか、と思考する経験とその過程が大切です。実習生が立案してきた実習指導案に細かな添削をして、その添削どおりに実習生が書き上げてくれば、出来栄えのよい実習指導案が仕上がるかもしれません。しかし、大切なことは出来栄えのよい実習指導案を仕上げることよりも、計画立案の際の思考を体験することが大切なことです。保育者は一緒になって実習生の思考に付き合いながらその思考過程を大切に指導することが重要なのです。

●複数担任制では役割分担を明確にする

保育園では複数の保育者で保育を行うよさがあります。保育者が役割分担をしながら、集団の子どもへの対応、一人ひとりの子どもへの対応、保育環境の整備等、連携を図り同時進行で進めていきます。実習生がリーダーとなる指導実習（部分・責任実習）においても、このような役割分担を明確に示しておくことが必要です。実習生はすべてを自分でしなければならないと考えてしまうことが多いようです。子どもたちにとってよりよい保育を展開していくには、実習生に対し同僚性をもってともに保育を進めていく姿勢が大切です。そのことは実習生にとっても保育者同士が連携しながら保育を行うことを体験し学ぶことになります。実習指導案の立案の際には、実習生が担任の保育者とどのように連携を図りながら保育を進めていくかについても考えられるように助言していきます。

●計画を立案することが楽しい経験になるようにする

実習指導案を立案することは実習生にとってとても難しいことです。しかし、そのことが苦痛の経験としてだけ残るような実習は避けたいものです。本来、保育の計画とは、子どもたちの育ちを確認し見通しながら、子どもたちとこんなことをしたら楽しいだろう、あんなこともしてみたいと、考えをめぐらす楽しい作業であるはずです。実習指導案の作成の際に、保育者が一緒になって、子どもに思いを馳せ、保育について考えをめぐらす作業を楽しんでいれば、実習生も計画を立案することの楽しさの一端にふれることができるでしょう。

❻ 保護者支援・地域子育て支援の指導

●保護者支援の指導の基本

　現代社会は、少子化とともに核家族化が進み、孤立した子育てをしている家庭が多くなっています。加えて、育児不安や育児負担感を抱える保護者も多く、児童虐待の増加や貧困化など、社会問題となっている課題を抱えるケースもあります。また、保育園には、就労だけでなく、ひとり親家庭や外国籍の子ども、障害をもつ子ども等、さまざまな福祉的ニーズを抱える家庭が多く利用しています。こうした状況の中で、保護者への支援は保育者の専門性の大きな部分を占めるようになってきています。

　保育士は、児童福祉法第18条の4に「登録を受け、保育士の名称を用いて、専門的知識及び技術をもつて、児童の保育及び児童の保護者に対する保育に関する指導を行うことを業とする者をいう」と規定されているため、本来、実習では保護者支援の学びや実践での理解を得る場が必要です。しかし、現実的には子どもとのかかわりがメインとなり、保護者支援や地域子育て支援の理解を進める体験などは難しくなっています。

　例えば、園で「一時預かり事業」や「地域子育て支援拠点事業」などの子育て支援事業を日常的に行っている場合は、保護者の様子を垣間見たり、実際に体験したりすることが可能です。

　在園児の保護者支援や地域子育て支援については、日常のさりげなく行われている保護者とのかかわりや支援を実習生が見られるよう工夫したり、説明したりすることが、指導の基本となります。

●保育園を利用する子どもの保護者への支援

　在園児の保護者支援の場面は、送迎時の保育者とのかかわりや連絡帳などのやりとりからも学ぶことができます。時間が限られる朝夕の送迎時にどのように声をかけ、保育者がどのようなかかわりをしているのかを実習生が垣間見ることは、大きな学びにつながります。また、実習中、保育参観や保育参加など保護者が園に来るような機会があれば、より実習生が気づく機会となるかもしれません。

　したがって、反省会などの場面で、実習生のちょっとした気づきについて、保育者の配慮や意図、具体的な対応について説明したり事例等を話すことで、その

ときの学びや理解を促進するだけでなく、その後の学習にも影響を与えます。

次のような場面について、観察の機会を設けたり、その意義・内容を説明します。
- 送迎時等の保護者と保育者のかかわり
- 保育参観・参加等の保護者と保育者のかかわり
- 朝夕の延長保育の保護者と保育者のかかわり
- 保護者同士の交流等の場面や保育者のかかわり
- 連絡帳の受け渡しや保護者の相談に応じる場面
- 保護者懇談会、個人面談等の場面

図表1－2　保育園を利用する子どもの保護者への子育て支援についての指導ポイント

●地域子育て支援についての実習指導

　地域子育て支援は、園の子育て支援の事業の実施状況によっても異なりますが、実習の中で観察したり、体験したりすることで、理解が促進されます。子育てひろばなど地域子育て支援拠点事業や一時預かり事業などを行っている場合は、たとえ短時間であってもその場面の観察や体験ができるように配慮するとよいでしょう。

　例えば、園庭開放や地域の子育て家庭が遊びに来る機会があれば、その場面を実習生に見せることで、実習を通して地域子育て支援について考えようとすることにつながります。

次のような場面について、観察の機会を設けたり、その意義・内容を説明します。
- 園庭開放等での地域の保護者と保育者のかかわり
- 一時預かり事業の場面
- 育児講座等の場面を見学したり、拠点事業等、地域の子育て家庭への子育て支援の取り組みへの参加
- 休日保育や夜間保育、病児・病後児保育における保護者とのかかわり

図表1－3　地域子育て支援についての指導ポイント

❼ 実習の振り返りでの指導

　実習では、実習生と保育者が対話を通じて実習を振り返る場面があります。実習が終了する日などに行われる最終の振り返りは、今回の実習のまとめとなり、次の実習へのつながりを意識できる重要な機会となります。一方、実習生にとっては、その日の疑問が解消される日々の振り返りや、実習課題等を改めて見直すことができる実習中間での振り返りこそ、実習中に具体的な質問や良さや課題を明確にする貴重な機会となります。

　こうした実習中の振り返り（日々の振り返り、中間での振り返り、最終の振り返りなど）は、実習生と指導担当の保育者が対話を通して語り合うことで、より効果が上がります。指導の際には、開かれた質問（オープンクエスチョン）を心がけ、実習生が主体的に語ることができるよう配慮することで、振り返りの時間が有意義になります。

　保育者は、実習生の学びで足りないものがあれば補足し、良さも積極的に認めるように指導します。これは実習生自身の自己評価を行う援助にもつながります。

● **保育者と実習生の対話を活かした実習の振り返りの意義**

　実習における振り返りについては、実習生自身による実習記録等での振り返りと保育者との対話による振り返りがあります。実習記録等の振り返りについては保育者の助言欄などを活用して行い、対話による振り返りについては実習の状況や感じたこと、考えたことを聴きながら、口頭でのやりとりを行います。

　その際に、気づきや疑問、喜びや不安など、実習生がそのありのままを表現できるよう、配慮します。

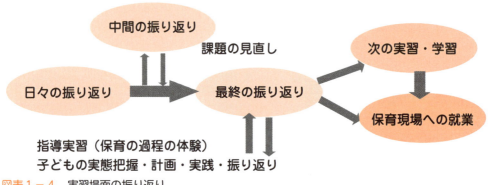

図表1-4　実習場面の振り返り

●日々の実習の振り返り

実習の終了前後等に、保育者とともにその日の様子や学びを振り返りながら、翌日の実習に活かせるようにしていきます。その際に、実習生が自らの学びや疑問点などを主体的に担当者に伝えられ、その日の気づきを整理できるような配慮が求められます。その際、実習生が「子どもをかわいらしいと感じたり、うれしかったりした場面」や「最も印象に残る子どもとのかかわりの場面」、「対応に困ったり、躊躇した場面」のエピソードを話すようにはたらきかけると、実習生も話しやすくなります。そして、そのエピソードに対して、「なぜそうだったと思うか」「そのときの子どもの気持ち」などを実習生が考えるようにすると、学びが深まってきます。また、その際に、保育者の保育の意図を伝えることも重要な視点となります。

●実習の中間での振り返り

実習の前半の振り返りや自己評価を行い、実習後半に向けた目標の整理を行います。緊張感や不安を抱えながら実習に臨んだ1週間を振り返りながら、その中で気づいたことや子どもの様子や子どもとのかかわりで気になったこと、自身の学びなどを整理します。

実習指導者は、実習生の状況について、良好であるか、つまずきや不安があるかを確認するとともに、実習計画や課題と照らし、何をどのように学んでいるのかについても確認します。

●実習期間における最終の振り返り

実習全体の振り返りを行い、実習の成果や課題をまとめます。また、次の実習や就業に向けた課題（目標）の整理を行います。

●指導実習（子どもの実態把握・計画・実践・振り返り）

指導実習を実際に行って、計画や保育の実践について良かった点や改善・工夫の必要な点などについて振り返りをします。

実習生の良さを認め、次につながるように伝えるとともに、日常の保育とのつながりや計画と実践の意味などにも通じるような指導をします。

● **保育者同士の保育の振り返りの姿を示す**

　実際の保育の場面の保育者間の連携や振り返りの様子を見ることは、実習生にとってかけがえのない機会となります。例えば、クラス会議やケース会議に同席したり、保護者との連携の機会を見たりすることで、保育における連携や評価の意義を学ぶことができます。

　実習生に伝えることのできるさまざまな振り返りの機会は、以下のような場面が考えられます。

- 保育の計画（指導計画の作成・評価）
- 子どもに関する記録等
- 保護者との連携・情報伝達
- クラス内の1日の振り返り
- ケース会議
- 職員会議やクラス会議等の機会

❽ 養成校の訪問指導教員との協働

●訪問指導の目的

　実習中に養成校の教員が、実習生の様子を見に園を訪れる訪問指導は、養成校の教員にとって実習中の様子を見る貴重な機会となり、実習生とともにそれまでの実習の振り返り、その後の実習の方向性を調整する機会です。

　園としても、養成校教員と実習生の状況や養成校の実習に対する考え方、実習の方法などを確認する貴重な機会です。それまでの実習生の様子、良さや課題、指導の際に課題となっていることなど情報交換を行い、実習生の状況が良くなるよう協働して指導を進めていきます。

　養成校と園が協働して指導することで、実習生にとってより充実した実習となります。そのためにも訪問指導を活用し、効果的に実習を進めていくようにしましょう。

●訪問指導の方法

　訪問指導の際には、①園と養成校教員による実習生の指導に関する情報交換、②養成校教員による実習生への面談、③養成校教員による実習場面の観察、④養成校教員の実習園の理解等を行います。

1) 園と養成校教員との情報交換

　園の実習指導の責任者と養成校の教員が情報交換をする内容は、実習生に関することのほか、実習に関する目的、方法、評価、その他手続き上の確認、園の保育や実習生受け入れの方針等が含まれます。実習生の良さと課題の両面を伝えるとともに、養成校での状況も聞きます。この時、実習生が同席しないように配慮して行います。また、必要があれば、教員と実習生との面談後に再び状況の確認を行います。

2) 養成校教員と実習生との面談

　養成校教員と実習生との面談の際には、安心感から実習生の感情が表出することもあります。実習生が周囲を気にせずに教員とゆったり話すことができるように、区切られた空間等、面談の場所に配慮をします。

3) 訪問指導の時期や時間帯

　訪問の日時は、特に規定されていませんが、実習期間中に必ず一度、養成校教員が実習先を訪問する必要があります。訪問日は午前の場合もあれば午後の場合

もあります。午前中の訪問では、実際の様子を観察することができますが、じっくり話をする時間がもちにくいかもしれません。また、午後の訪問では、実習生と養成校教員がじっくりと話をすることはできますが、実際の保育の場面を見ることができないかもしれません。さまざまな状況をふまえて判断していきます。

　本来、訪問指導の時期は実習期間の中間の時期が望ましいですが、同じ実習期間に多くの園を訪問する教員もおり、それが難しい場合もあります。

　＊遠方等で訪問が困難となる場合、電話による指導となる場合もあります。

　＊実習初期の時期ならば、うまくスタートを切ることができたかを園、実習生、教員の三者が確認する機会とします。実習の終盤ならば、実習全体の振り返りや確認をする機会とします。

●訪問指導のポイント

　訪問指導は、園と養成校で**図表１－５**のようなポイントが考えられます。

訪問指導のポイント（実習園）	訪問指導のポイント（養成校）
・実習生、養成校にとって、有意義な実習となるための協働的な指導の機会 ・養成校における指導内容を正確に知る機会 ・養成校での姿を知り、実習生の理解を深めるための情報を得る機会 ・実習の様子を伝えるとともに、実習生の具体的な実習のゴールを探る ・実習生に課題や不安がある場合、その対応について協議する ・保育実践の現場を養成校側が理解し、連携した取り組みを行う	・実習生の実習の状況を知る機会 ・実習生への直接的な指導・助言・目標の確認等の機会 ・実習生が困っていることや不安、悩み、体調等、困難な状況を知る機会 ・実習園、担当者との協議・情報交換の機会 ・実際に実習する場面を観察することで、事後指導等に活かす ＊実習園の理解のための機会 ＊就労する卒業生の状況把握

図表１－５　訪問指導のポイント

●訪問指導の副次的効果

　訪問指導で園を養成校教員が訪問する機会は、園の保育の状況や方針を理解する機会となります。養成校は、園としてどのような目的で実習生を受け入れているかを理解する機会にもなります。時間があれば、保育の様子を見たり、園内を見学することも養成校教員にとっては保育現場を知る大切な機会となります。

　また、卒業生などが就職している場合等は、養成校の教員がその状況を見たり声をかけたり、園が状況を養成校に伝えたりすることもでき、卒業生への支援に活用することができます。

3 実習の評価

❶ 実習評価の基本的な考え方

●評価に対するイメージの転換

　「評価」というと、「できた」「できていない」を判断されるものと認識している人が多いようです。それは、評価イコール小学校・中学校・高等学校の通知表、すなわち、「できているかいないか」が明らかにされ、「数値化し、序列化される」「できていないことを指摘される」のが評価だというイメージをもっているからでしょう。こうした評価に対するイメージは、実習生や実習指導者にも共通していると考えられます。まず、この評価に対するイメージを転換することが必要です。

　計画に基づいて取り組んだ実習を実習生自身が振り返る際、大切なことは、「気づかなかったこと」「うまくいかなかったこと」「できなかったこと」に着目する前に、「心動かされたこと」「楽しかったこと」、また、「気づきや学びを明確にすること」です。

　実習は期待感とともに、不安感の強い状況でスタートします。実習生が実習での振り返りをマイナスの視点から行うと、ますます不安感が強まります。そうではなく、プラスの視点から振り返ることで、情緒が安定し、安定することで、その後の取り組みへの課題が見えてきます。なぜ理解できなかったのか、また対応できなかったのかが明確になるとともに、改善に向けて意欲が高まります。

　日々の振り返り、中間での振り返り、そして終了後の振り返りを、対話や実習記録（実習日誌）へのコメント等を通して、実習生が改善に向けて意欲を高めることを支えるのは、実習指導者が実習生の良さを認めたうえで、課題を明確にし、同僚性をもった対応なのです。

●実習評価の基本的考え方（目的と効果）

　Part I 「理論編」第1章で示したように、保育士養成課程における「教科目の目標」（p.4～5）として、保育実習 I（1回目）が5項目、保育実習 II（2回目）が6項目、事前・事後指導である保育実習指導 I、II がともに5項目です。実習の評価は、実習体験を通して、これらの目標に向けて、実習生一人ひとりが

どのような体験をし、習得しているかを示すものであり、他者と比較することではありません。

実習の評価は、PartⅠ「理論編」第１章**図表１－２**（p.8）で示したように、毎日、中間、そして終了後の最終評価（実習生の自己評価、保育所の評価、養成校の評価）と継続して行われます。大切なのは、評価がその後の実習体験や学びに活かされることです。

さて、実習評価の目的の第１は、実習を通して実習生が感じ取り、気づいたこと、経験したこと、学んだことなど良さを明確にしたうえで、感じ取れなかったこと、経験できなかったこと、学びにつながらなかったことなど課題の明確化です。第２は、良さをさらに高めるとともに、課題にどのように取り組むかを指導者とともに思考し、具体的な実践につなげることです。第３に、実習生、実習指導者、保育所等、そして保育士養成校とが評価を共有することで、保育現場と保育士養成校が協働する保育所実習実施につなげることです。

「保育所等実習における評価」が、養成校は、「保育実習指導のミニマムスタンダード」を、保育現場は本書「保育園・認定こども園のための保育実習指導ガイドブック」に基づき実施されます。**図表１－６**は、実習評価における実習生、実習指導保育者（保育所等）、養成校との関連性を示したものです。

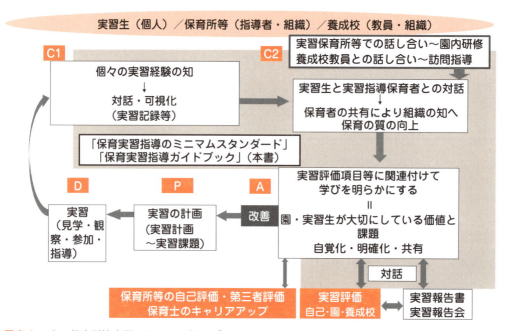

図表１－６　保育所等実習における評価モデル

❷ 実習評価の実際

　保育実習の評価は、3つの評価（実習生／実習園／養成校の教員）が行われています。養成校では実習生の学びや成長について、実習前後も含め評価を行い、単位が認定されます。三者の異なる視点から評価を行うことによって、実習生の到達状況や良さや課題が明確となります。保育者になるために、今の自分自身に必要とされる知識や技術は何か、実習をする中で良かった点や課題は何かが分かり、次の実習や就業に向けた目標が明確となります。

　また、それに加え、実習中に垣間見られる人間性（例えばふとした気遣いややさしさ、明るさ）など、評価項目にない点についても、評価票のコメント欄に記述し園から養成校に伝えます。

●実習生自身による自己評価

＜実習中＞（主に、実習園においての反省会等の場面で行われる）

①　日々の実習が終わった後の振り返りの場面で、実習生から語られたり、実習記録に記載されたりする自己評価

②　実習の中間の振り返りの場面等で、実習生から語られたり、実習記録に記載されたりする自己評価
　＊養成校によっては、実習生向けに中間の自己評価を行うための様式がある。

③　実習終盤に行われる振り返り（反省会）等で、実習生から語られたり、実習記録に記載されたりする自己評価

＜実習後＞（主に、養成校においての事後指導等の場面で行われる）

①　実習評価票の様式を使用した自己評価

②　実習の学びと成果のまとめ
　実習を振り返り、レポートにまとめたり、発表したりする。

③　他者との語り合い
　仲間と語り合い、互いの実習の状況や思いを情報交換することで、自身の実習について改めて考察する。

④　面談
　学生の自己評価と園からの評価を関連づけて評価し、良さと課題を明確にする。

●実習園による評価

1）評価の目的

　実習園は、実習生の状況について、養成校の実習評価票をもとに評価を行い、その実習生の良さや課題について記載します。その際、実習生は、次代の保育を担っていく存在であることに留意しながら、どのような状況で、何を学んだのかを具体的に記載します。

2）評価の方法

　実習指導の責任者だけでなく、関係する職員の話し合いのもとに評価を行います。また、評価基準を明確にし、評価の観点と基準を理解して行います。

　「できたか」「できないか」という結果だけではなく、意識して取り組もうとしていたか、その体験から学ぼうとしていたかという観点から評価を行います。その際、表面的な行動のみではなく、内面的な思考もとらえるようにします。

　また、今後の課題の設定やどのような学びをしていけばよいか具体的に記載することも大切です。

●養成校による評価

　保育士養成校の評価には実習の事前事後指導の評価と実習中の評価があり、これらを総合的に判断して評価します。評価は単位取得を認定するために必須のものですが、何よりも学生の自己洞察と今後の課題を得ること、保育者志向を高めていくことに評価の意義はあるのです。

第1章 実習指導の方法とポイント

＜保育実習Ⅰ（保育所等）評価票＞

実 習 施 設 名	施 設 長 名	実習指導担当保育士等名
	印	印

実習生	学年　　　　クラス	学籍番号		氏　　名	
実習期間	年　　　　月　　　　日（　　　）～		年　　　　月　　　　日（　　　）		
勤務状況	出勤日　　　　　日	欠勤日数　　　　　日	遅刻数　　　　　回	早退数　　　　　回	

項目	評価の内容	評価上の観点	評価（該当するものの□にチェック）			
			A	B	C	D
態度	意欲・積極性	・指導担当者からの指示を待つばかりでなく、自分から行動している。 ・積極的に子どもとかかわろうとしている。　など	□	□	□	□
	責任感	・十分な時間的余裕を持って勤務開始できるようにしている。 ・報告・連絡・相談を必要に応じて適切に行っている。　など	□	□	□	□
	探究心	・日々の取り組みの中で、適切な援助の方法を理解しようとしている。 ・日々の取り組みの中で、自己課題を持って実習に臨んでいる。　など	□	□	□	□
	協調性	・自分勝手な判断に陥らないように努めている。 ・判断に迷うときには、指導担当者に助言を求めている。　など	□	□	□	□
知識・技術	保育所等の役割と機能	・保育所等における子どもの生活と保育士等の援助やかかわりについて理解できている。	□	□	□	□
		・保育所保育指針等*に基づく保育の展開について理解できている。	□	□	□	□
	子ども理解	・子どもとのかかわりを通した観察と記録作成による具体的な子ども理解ができている。	□	□	□	□
		・子どもの発達過程について具体的な理解ができている。	□	□	□	□
		・子どもへの積極的なかかわりや具体的な援助ができている。	□	□	□	□
	保育内容・保育環境	・保育の計画に基づいた保育内容の実際について理解できている。	□	□	□	□
		・子どもの発達過程に応じた保育内容の実際について理解できている。	□	□	□	□
		・子どもの生活や遊びと実際の保育環境の関連性について理解できている。	□	□	□	□
		・実際の子どもの健康管理や安全対策について理解できている。	□	□	□	□
	保育の計画、観察、記録	・全体的な計画と指導計画および評価の関連について理解できている。	□	□	□	□
		・記録に基づく省察と自己評価ができている。	□	□	□	□
	専門職としての保育士等の役割と職業倫理	・専門職としての保育士等の業務内容について具体的に理解できている。	□	□	□	□
		・職員間の役割分担や連携・協働について具体的に理解できている。	□	□	□	□
		・専門職としての保育士等の役割と職業倫理について具体的に理解できている。	□	□	□	□

総合所見	（できていたこと、今後課題になること）	総合評価 （該当するものに○）	実習生として A：非常に優れている B：優れている C：適切である D：努力を要する

記入要項 1．評価基準は以下の通りです。 A：実習生として非常に優れている　B：実習生として優れている　C：実習生として適切である　D：実習生として努力を要する 総合所見では、実習を通して学生ができていた点、今後の課題となる点などを記入してください。 ＊幼保連携型認定こども園教育・保育要領を含む。 出典：一般社団法人全国保育士養成協議会『保育実習指導のミニマムスタンダード Ver.2 　　　——「協働」する保育士養成』p.140を一部改変	※大学側評価欄 実習指導者氏名 印

図表1－7　評価票の例

第2章 実習指導の実際

本章では、メグさん、トモさん、アキトさん3人の実習生に登場してもらい、実習指導の実際を見ていきます。具体的な実習のエピソードから指導のポイントを解説します。

（各実習生の紹介）

メグさん………p.65
- 学　年：短大1年生
- 実習内容：保育実習Ⅰ（1回目の保育園実習）
- 実習時期：2月
- 配属クラス：0、1、2、3、4、5歳児、異年齢児の順ですべてのクラスで実習

トモさん………p.91
- 学　年：大学3年生
- 実習内容：保育実習Ⅱ（2回目の保育園実習）
- 実習時期：9月
- 配属クラス：1週目は1、2、3、4、5歳児、異年齢児の各1日実習
　　　　　　　2週目は2歳児クラスで実習

アキトさん………p.114
- 学　年：大学3年生
- 実習内容：保育実習Ⅱ（認定こども園での実習）
- 実習時期：9月
- 配属クラス：1週目は0、2、4、5歳児、子育て支援センター、異年齢児を各1日実習
　　　　　　　2週目は5歳児クラスで実習

第2章 実習指導の実際

メグさん（実習生）の紹介

メグさん（実習生）（○○短期大学（2年制）の1年生）

<実習状況>
- 小さい頃からの夢であった保育者になるために入学した。
- 中学校の職場体験も保育園で行った。
- すでに教育実習（幼稚園）5日間を終えている。
- 夏期に実習園で保育体験をさせてもらった。
- がんばりたいと思っているが、初めての実習で緊張や不安が強い。

<実習内容>
保育実習Ⅰ
（1回目の保育園実習）

<実習時期>
2月上旬

<実習課題>
❶ 保育園の保育の実際を見て、体験して、理解する。
❷ 子どもの発達・生活の実際を知る。
❸ 保育園の一日の生活の流れ、保育園の機能、保育者の職務について学ぶ。

<実習計画>

	配属クラス	その他の予定		配属クラス	その他の予定
1日目	0歳児クラス		7日目	3歳児クラス	夕方の延長保育
2日目	1歳児クラス		8日目	4歳児クラス	
3日目	1歳児クラス		9日目	4歳児クラス	
4日目	2歳児クラス	まめまき集会	10日目	4歳児クラス	指導実習（部分）
5日目	2歳児クラス	中間の振り返り	11日目	5歳児クラス	実習の振り返り
6日目	異年齢児		12日目	異年齢児	

学内事前指導

　メグさんのような短期大学（以下、短大）の1年生は、実習までに履修すべき教科が定められ、実習までにある程度の知識を習得するような、いわば授業中心の1年間を過ごします。養成校によっては、教育実習を保育実習の前に行ったり、独自の現場体験プログラムを用意したりする場合もあります。

　メグさんの短大では、保育実習Ⅰの事前学習として、保育実習指導1を履修するほか、事前に実習園で体験するというプログラムを行いました。また、教育実習（幼稚園）を1週間行いました。

　ここではメグさんが、実習前までにどのような学習や体験をしているのかを紹介します。

（高校時代のメグさん）

　メグさんは、3月に高校を卒業し、4月から短大1年生となりました。自分自身が園児だった頃にただ漠然と保育園の先生になりたいと思っていましたが、中学校時代に職場体験を保育園で行い、夢を実現したいと考えるようになりました。高校では部活動に励み、進路を考えるときに小さい頃からの夢であった保育者になろうと決意し、短大に進学しました。

（短大入学後のメグさん）

　入学後のメグさんは、これまでの勉学とは異なる、子どもや保育の学習にすぐに興味をもち、すすんで授業に参加しました。なかでも、実際に作ったり演じたりする授業は、特に意欲をもって取り組みました。いつか、実際に子どもの前

＜メグさんの実習の流れ＞

4月～7月（前期）	9月～1月（後期）	1月下旬～3月上旬
授業	授業	
	教育実習Ⅰ（幼稚園）	
保育実習指導Ⅰ（事前指導）		事後指導
保育体験 →	保育実習Ⅰ（保育所） →	保育実習Ⅰ（施設）

で、授業で制作した手袋人形で演じてみたいと思うと、わくわくしてきました。また、子どもが遊びを通して主体的に育つ姿や、実際の現場の話を授業で見たり聞いたりすると、心が躍り、興味がいっそう出てきました。サークルに入り、何人か仲の良い友人や相談できる先輩も見つかりました。

（1年夏休みの保育体験）

後期が始まる直前に、実習が予定されている保育園で1日、保育体験を行いました。メグさんは、ふだん低年齢児とのかかわりが少ないので、2歳児クラスを希望しました。思っていた以上に子どもたちから寄ってきてくれることがうれしく、実習が楽しみになりました。園長先生に声をかけていただき、運動会を見に行くこともできました。

（1年後期「保育実習指導Ⅰ」（実習事前指導）の学び）

実習前、養成校では実習のための準備学習として、半期にわたって事前指導「保育実習指導Ⅰ」が行われます。メグさんの短大でも、後期から実習指導の授業が始まりました。事前指導では、実習の目的の確認や個人票の作成に加え、実習記録の書き方や保育所保育指針等の理解、保育現場から招いたゲストスピーカーの話を聴く機会や、前年度に実習に行った先輩と情報交換をする機会などをもちました。実習に際して、知識の習得だけでなく、何のために実習を行うのかといった目的の確認、さらには面談等を通して、個々の実習の不安の解消等も試

＜メグさんの「保育実習指導Ⅰ」の授業内容＞

第1回	オリエンテーション	授業の概要、実習の概要等の説明・確認
第2回	必要書類の準備	個人票の作成、写真撮影
第3回	実習におけるマナー	実習におけるマナーの確認
第4回	保育所保育指針の理解	「保育所保育指針」のポイントの確認や実践での活用
第5回	実習記録の作成について①	実習記録作成の意義と方法①（経過記録）
第6回	実習記録の作成について②	実習記録作成の意義と方法③（エピソード記録）
第7回	事前訪問について 実習要項・実習評価について	事前訪問について 実習の考え方や評価について
第8回	現場の方の話、先輩の実習体験	現場の方の実習の話を聴く、先輩と情報交換をする
第9回	保育実習Ⅰに向けての最終確認	目的や方法等の最終確認、個別の実習課題等の確認

＊「保育実習Ⅰ」は、保育所とその他の児童福祉施設の実習とがあるため、双方の要素が事前指導の中に含まれますが、ここでは施設実習の内容は割愛しています。また、第10～15回は事後指導として扱われる場合もあります。

みています。

　また、保育の短大では、授業のほとんどが実習にかかわる科目であり、さまざまな授業での学びを確認する場が実習ということになっています。

　メグさんの事前指導の授業は、後期9月下旬より始まりました。はじめは、実習への期待が大きく授業に臨みました。とにかく子どもとかかわりたい、保育者になりたいという想いで半年間、短大生活を送ってきましたが、実習を前に緊張や不安を覚えるようになりました。

　しかし、現場の保育者から「ありのままの自分で実習を行うこと」や「失敗を恐れず子どもとかかわること」が大切であると話を聞くと、不安もいくぶん和らいできました。

第2章 実習指導の実際

オリエンテーション

　実習園には、以前に保育体験をさせてもらっていたため、メグさんは半年前の子どもたちの姿をよく憶えていました。いよいよ実習1か月前となり、改めてオリエンテーションのために園を訪れました。

　メグさんは、実習をがんばりたい、楽しみたいと思っていますが、いざとなると緊張し、不安感ももっています。園からは、実習内容や配属クラスのほか、実習を充実させるためのポイントが示されました。また、実習にスムーズに入ることができるように、オリエンテーション後に2時間程度、子どもと過ごす時間をもちました。

＜実習オリエンテーションでの確認事項＞

❶園の理念や基本的な方針の説明 ❷実習の心構えについて ❸実習生の実習課題の確認 ❹実習計画（クラス配属など）の確認 ❺実習記録（日誌）の取り扱いについて ❻実習にあたっての注意事項 ❼実習生からの質問	メグさんは、園の概要や実習に関する説明の他、半日程度の保育の体験を行いました。午後、オリエンテーションを行ったので、ひと通り園の様子を案内された後、夕方までのひとときを、4歳児クラスの子どもたちと一緒に過ごしました。

＜オリエンテーションで園からメグさんに示されたポイント＞

▶**実習生の実習に対する姿勢について**

❶**子どもと心を通わせる体験をする**

　実習では子どもとともに生活し遊ぶ中で、心を通わせ、子どものかわいらしさを感じ、子どもと遊ぶことが楽しいと思える体験にしましょう。

❷**わからないことや確かめたいことは必ず確認する**

　実習生からの質問には、保育に支障のない範囲でなるべくその場で答えるので、遠慮せず積極的に質問をしましょう。

▶**園としての心構え**

❶**みんなで振り返る**

　実習生とともに保育や子どもに関して振り返り対話したいので、実習生と体験について対話を通して日々振り返ります。保育者も自らの保育の意図や意味について実習生に説明するようにしています。

❷**実習生も職員もみんな保育の仲間**

　実習生はともに保育を行う仲間であり、未来の保育者になる仲間として受け入れるようにしています。

実習1日目　0歳児クラス

✏ エピソード1−1　実習初日は不安と緊張でいっぱい

　実習初日であったため、前日、メグさんはよく寝付けませんでした。朝早く起き、忘れ物がないかよく確認し、遅れないように早めの時間のバスに乗り、実習園を目指しました。園に着いてみると、すでに保育は始まっており、子どもたちも登園してくるところでした。実習担当の保育者と今日のねらいや実習日程を確認し、配属クラスに向かいました。

　0歳児クラスに入ると、3人の子どもが保育者と玩具で遊んでいました。保育者に挨拶をし、子どもにも姿勢を低くして「おはようございます」とにこやかに挨拶をしました。メグさんは、ふと目に留まった、テーブルでつかまり立ちをしている子どもに近づき、声をかけました。すると、突然声をかけられて驚いたのか、激しく泣き出してしまいました。すぐに担任保育者のa先生が近寄り抱き留めましたが、メグさんは、安易に声をかけた自身のかかわりを悔やみました。その後もその子はメグさんが目を合わせようとすると泣きだしてしまうのでした。そのことがきっかけとなり、0歳児とどう遊んだらよいかわからなくなりました。また、排せつや食事の際にもどのようにすればよいか、養成校では学習しましたが、実際に見たり、かかわる際に、戸惑うことが多いことがわかりました。

　その後、a先生に「無理してかかわらなくてもいいんですよ」「子どもがあなたを見慣れるまで見ているだけでも学習になりますよ」と言われ、肩の力が入っている自分に気づきました。オムツ交換の場面や、授乳、離乳食などの場面を見て、ようやく養成校での「乳児保育」や「子どもの保健」の授業を思い出しました。

ポイント❶　どのように行動したらよいかを示し、不安と緊張を和らげる

　メグさんは、初日に0歳児クラスに配属されたことで、「実習」としての不安と、慣れていない年齢の子どもとのかかわりに戸惑う様子が見られました。メグさんは、これまで0歳児とのかかわりの経験がほとんどなく、身近にも0歳児がいないため、発達や排せつ、離乳食などについての理解が養成校での学習のみでした。a先生は、かかわらなければならないと思い込んでいるメグさんの気持ちを察して、さりげなく観察してもよいことを伝えました。

第2章 実習指導の実際

 ポイント❷ 0歳児の養護技術は一緒にやりながら具体的に指導する

　近年、0歳児とのかかわりの経験がほとんどない実習生も多くいるため、知識として0歳児の姿を学んでいてもどのようにかかわったらよいかわからないことはめずらしくありません。そのようなときは、モデルを示したり、排泄・食事・着替えなどの生活場面でのかかわりにおいては、一緒にやりながら具体的に養護技術を指導することが必要です。

> **エピソード1－1の続き**
>
> 　初日の実習が終わり、担任保育者との振り返りを行いました。担任保育者は「どんなことが印象に残っていますか」「困ったことは何でしたか」「うれしかったことは何でしたか」等、こちらが答えやすいような質問（オープンクエスチョン）をしてくれました。メグさんは、自分の気持ちや思ったことなどを素直に伝えることができました。

0歳児クラスの指導ポイント

- 乳児ならではの衛生面や安全面での留意点を、はじめの段階で伝えましょう。
- 人見知りの子どもへの対応・かかわりのポイントを知らせましょう。実習生はわかっていても泣かれると辛く、どうしていいかわかりません。
- 乳児とのかかわり・遊び方がわかりません。具体的に行動や言葉で伝えましょう。
- 一人ひとりの発達の違いや生活リズムの違いを説明し、個別的なかかわりの重要性を説明しましょう。個別指導計画を見せることもよいでしょう。
- オムツ交換や授乳などの体験の機会を提供しましょう。はじめは一緒にやりながら、子どもも実習生も安心してできるようにすることが大切です。
- 特定の大人との応答的なかかわりの大切さや、担当制の意味や実際について話をしましょう。
- 家庭との生活の連続性についてイメージできるよう説明しましょう。保護者と協働する保育の実際について連絡帳等を通して伝えます。

実習2日目・3日目　1歳児クラス

 エピソード1-2　まだ目の前の子どもで精いっぱい

　実習2日目、3日目の2日間、メグさんは1歳児クラスに配属されました。
　1歳児とはいっても、メグさんの実習時期（2月頃）には、すでに2歳になっている子どもがほとんどで、言葉を発してさかんに要求を伝えてくる子もいました。しかし、この日はまだ、実習全体の2日目でもあり、初めて配属されるクラスで緊張感を高くもっていました。メグさんの緊張感が伝わったのか、なかにはメグさんを警戒して、近寄ってこない子もいました。担任保育者のb先生は、「緊張してるわね。肩の力を抜いて。砂場に行ってみましょう」と笑顔でメグさんに声をかけました。
　メグさんは、2～3人の子どもと一緒に砂場で遊び始めました。それぞれの子どもがカップに入れた砂をジュースに見立ててメグさんに渡しました。メグさんは、「おいしいね。ありがとう」と言って受け取り、飲む真似をしました。子どもたちは喜び、何度も何度も繰り返しました。砂場でかかわりをもった子どもと食事や午睡時にそばにいることができました。メグさんは、b先生の動きを確認しながら、共に食事や午睡の援助をしました。

 エピソード1-3　今まで気づかなかったことが見えてきた

　実習3日目は、前日の体験もあり、1日の流れについて何となく理解した状態で保育に参加することができました。
　前日帰宅後に、1日の流れを実習記録を読み返しながら確認し、あらためて子どもの発達過程を確認したことも大きいように感じました。そうすると、前日は気づかなかった点にも気づくことができ実習記録に記載しました。
　子どもの動きも、高月齢の子どもと低月齢の子どもでは、違っているように見えました。それに合わせているのか、保育者の声かけやかかわり方も一人ひとり異なっているようでした。また、保護者と保育者の朝夕の送迎時の様子を見て、一人ひとりに声をかけつつも、じっくりと話している場面がありました。振り返りの際に質問すると、保育者は子どもの様子が気になり保護者に状況を聞いていたと説明をしてくれました。

第2章　実習指導の実際

ポイント❶　あたたかな言葉をかけ、実習生が自ら動き出せるようにする

　実習日数が経過していても、初めてのクラスでの実習は緊張します。このようなとき、あたたかな保育者の言葉やかかわりが実習生にとっては大きな力になります。b先生のように「砂場に行ってみましょう」と具体的に動き出せるきっかけをつくるのもよいでしょう。

ポイント❷　実習生の気づきを受けとめ、子どもの発達や保育者の配慮・工夫について説明する

　メグさんは同じクラスに続けて配属されたことで、0歳児との違いや月齢による違い、個人差など、子どもの発達や特徴について気づいたようです。このような気づきを受けとめ、子どもの心身の発達の特徴、保育者の配慮や保育をするうえでの工夫などについて説明しました。

ポイント❸　子どもの背景にいる保護者やその支援についても説明する

　メグさんのように、質問があった場合など、子どもの背景にいる保護者について説明します。保育をするうえで保護者を理解することが大切だということを伝えます。その際に、連絡帳や掲示物等、保護者へどのように子どもや保育の様子を伝えているかを説明すると、より理解が進みます。

1歳児クラスの指導ポイント

- 歩行が安定し、行動範囲が広がるこの時期の子どもの安全を守るポイントを伝えましょう。
- まだできないのに「自分で」と主張したり、何でも「イヤ」と言うなど、自己主張が強くなってきた1歳児の対応に戸惑う実習生も多いでしょう。発達の特徴を説明し、困った出来事から学びを深められるよう相談に応じます。
- 食事や排泄等、基本的生活習慣の自立に向けての一人ひとりに応じた援助について、具体的場面を通して解説しましょう。
- 言葉の発達により大人と言葉を交わしたり、ごっこ遊びのやりとりを楽しむようになってきた子どもと、遊びの中でやりとりを楽しむ経験を実習生ができるようにしましょう。
- 子どもの送迎時の様子などを観察し、保護者とのかかわりの様子を学ぶ機会をつくるようにしましょう。実習生が保護者と挨拶を交わす体験も大切です。

実習記録について

エピソード1-4　実習記録、どう書けばいいの？

　メグさんは、もともと文章を書くのが得意ではありませんでした。実習3日目に、担当保育者b先生より「実習記録が日記のようになっている」と指導を受けましたが、どこをどう直してよいのかわからず、翌日もう一度質問しました。

　するとb先生は、「時間をかけてよくがんばっていますね。経過記録についてはよく書けていると思いますよ。メグさんは、エピソードに朝からの出来事を順に書いているので、その日に特に印象に残ったエピソードとそのエピソードに関する考察をいくつか書いてみるといいのではないでしょうか」と答えました。その後、メグさんはb先生から「今日はどんなことが印象に残ったの？」と尋ねられ、物の取り合いの対応で困ったことについて話をしました。b先生から助言ももらいました。

ポイント❶　日々の振り返り（反省会）でのやりとりを大切にする

　毎日の振り返りの際に、「どんな子どもの姿が印象に残りましたか」「保育者の援助の意味について、印象に残る場面はありましたか」など、具体的に対話する時間をもつことで、実習生自身も記録に書くことが整理されます。いわば、反省会でのやりとりが実習生の記録作成を助けるといっても過言ではありません。

ポイント❷　良いところと課題について具体的にコメントする

　実習記録へのコメントは、基本的には、実習生の気づきの良いところを見つけるとともに、課題についてわかりやすく具体的に記載します。また、記録の内容に対して応答的にコメントしますが、対面でできるような質問は口頭でやりとりしましょう。実習生の記録への助言を行うことで、実習生の振り返りによる考察がより深く確実なものになるようにします。

第2章　実習指導の実際

＜メグさんの実習日誌＞指導者の添削・コメント例

2月3日水曜日　1歳児クラス　在籍：男児　8名　女児　6名　計　14名　欠席　2名

本日の実習のねらい　・子どもと一緒に遊び、1歳児の遊びの様子について学ぶ
　　　　　　　　　　・基本的生活習慣（排泄・食事・衣服の着脱）への保育者の援助について
　　　　　　　　　　学ぶ

時間	環境構成	子どもの姿	保育者の援助	実習生の動き・気づき
		中	略	
14：30	着替え　ふとん　*サブ保育者がおやつの準備をする　保育者の連携が大切ですね	○目覚め・排泄・着替え・Aちゃんは「自分で」と時間をかけて着替えていた。・Bちゃんは「先生やって」と手伝ってもらっていた。	○排泄・着替えの援助・目覚めた子どもを優しく受け止める。・子どもの発達や状況に合わせて、排泄・着替えを援助する。	○排泄・着替えの援助*昨日は自分で着替えていたBちゃんが今日は手伝ってもらっていた。その時々の状況に応じた援助が必要なのだと思った。
		中	略	

良く気づきましたね

感想・考察
　今日は、1歳児の遊びと基本的生活習慣の2つに着目しました。その中で、とても心に残る2つのエピソードについて感じたことや考えたことを記録したいと思います。
　1つ目は午前中の園庭遊びです。鉄棒に設置された縄ブランコで遊びました。縄ブランコは2つしかありませんでした。初めにブランコに乗っていたAちゃん、Bちゃんのところに、Cちゃんがきてブランコに乗りたそうにしていました。先生は、「10数えたらかわってあげようね」と数を数え始めました。10まで数えて「おまけのおまけの汽車ポッポー」と歌い、Cちゃんの方を見ながら「かーわって」といいました。ちょっと間があって、Bちゃんがブランコを降りました。Aちゃんはブランコの縄を持ったまま動こうとしません。先生は、Bちゃんに笑顔で「えらいね」と声をかけました。Cちゃんはとても嬉しそうにブランコに乗りました。次に、Bちゃんがブランコを待っていました。先生は同じように数を数え、「かーわって」と言いましたが、やはりAちゃんは動こうとしませんでした。「Aちゃんも乗りたいのね」「Bちゃんも乗りたいね」と先生は声をかけました。

解決することよりも、2人の気持ちを受け止めたいと思いました

しばらく別の遊びをしていたAちゃんが再び縄ブランコにやってきました。縄ブランコに乗りたいと訴えますが別の子が乗っています。私はAちゃんを膝の上に乗せて数を数えてみました。「…おまけの汽車ポッポー」と歌い終えると、Aちゃんは代わってもらうことができとても嬉しそうでした。その後、Dちゃんが「かーわって」ときたのでもう一度歌いました。Aちゃんも「ポッポー」のところを楽しそうに歌いました。私も楽しかったです。すると、Aちゃんは自分からブランコを降りてDちゃんに代わりました。
　学校では1歳児は自己抑制がまだ難しいと学んでいたので、順番を待つことはできないのではないかと思っていました。しかし、保育者の援助によって順番に遊具を使うこともできるということがわかりました。順番を待っている間の数え歌は、待っている子も、代わる子も、一緒に歌を歌いながら楽しそうでした。楽しく順番を待つ工夫があるのだと学びました。また、Aちゃんがブランコを友達に代わらなかったときに、無理にブランコから降ろすことはありませんでした。Aちゃんのもっと乗りたいという意思が大切にされているのだと思いました。そんなAちゃんも、その後では自分から順番を代わることが出来ていて感心しました。子どもの主体性が大切にされている　　　　…　中略　…

良いかかわりができましたね。Aちゃん、「ポッポー」とメグさんと歌ったのが楽しかったのですね。

指導者のコメント
　実習お疲れさまでした。　…中略…　1歳児は確かに自己を抑制することはまだ難しいですね。自己主張ができるようになってきたところなので、「もっと乗りたい」「かわりたくない」という主張も大切にしています。メグさんも気づかれたように小さくてもしっかりと意思があります。子どもの意思を尊重し、主体性を大切にした援助を心がけています。一方で、「わたしも乗りたい」という別の子どもの思いも大切なので、楽しく順番を待ったり、交代できるよう工夫しています。遊びの一つとして順番や交代を楽しんでいます。1歳児はまだこのような時期ですが、こうした経験の積み重ねが　…　後略　…

実習4日目・5日目　2歳児クラス

エピソード1-5　自分でしようとする2歳児の成長に驚く

　2歳児は、言葉もよく出ていて、同時に話されると聞き取れないこともありましたが、一人ひとりはっきりと自分の考えていることを表現していることがわかりました。また、園庭での遊びも0歳児や1歳児と比べると、かなりダイナミックになっている様子がわかりました。

　食事の後片付けも自分でするようになって、着替えも自分からしようとしていました。まだ靴下がうまく履けない子どもには、保育者は足の半分くらいまで履かせて、あとは自分でできるようにしていました。9月の保育体験で見たときよりも、いろいろなことが上手にできていて、2歳児の後半になるとこういう姿なのだと見て驚きました。担任保育者のＣ先生は、「大きくなったでしょう。あのときよりもいろんなことができるようになったのよ」と嬉しそうにメグさんに話します。9月以降の子どもたちの育ちや保育についても話をしてくれました。

エピソード1-6　表現の豊かさに目を見張り、保育者の意図したかかわりに気づく

　翌日は、生活の流れや子どもの様子もわかり、だいぶリラックスして過ごせるようになりました。かかわりながら見てみると、子どもたちの動きだけでなく、言葉にも驚かされました。

　散歩をしているときにも歌を口ずさんだり、「見て。ヘリコプター」など、さかんに伝えようとしていました。また、一人ひとり、月齢の差や個人差も大きくあることがわかりました。計画段階からある程度、個別的に対応することを想定して、一人ひとりとかかわることが大切であることを学びました。何より、一斉に子どもを動かさず、個々のペースに応じることこそ、複数担当の良さなのだと気づきました。

ポイント❶　子どもの成長の喜びを共有し、実習前の子どもや保育の経過について説明する

　メグさんは、夏に保育体験をした際のクラスに配属されることを楽しみにしていました。そして、実際に2日間過ごしてみると、夏からわずかの間で成長していることがよくわかりました。実習生が子どもの成長に気づいたときは、その喜

びを共有することで実習生も保育のやりがいを感じることができるでしょう。また、実習前の子どもの姿や保育の経過について説明することで、子ども理解が深まります。

ポイント❷ 具体的な保育の場面に基づき、保育者の意図や配慮について話をする

　メグさんは、頭では理解していたつもりだった、保育者の意図や配慮について、具体的な場面を通して気づくことができました。メグさんは、c先生をモデルとし、動きや言葉、声の大きさやしぐさを学ぶようにしました。しかし、見て学ぶだけでは気づけないこともあります。特に保育者の意図や配慮は具体的な場面に基づき保育者から話をするとよいでしょう。

2歳児クラスの指導ポイント

- 基本的生活習慣の自立も進み、いろいろなことができるようになる時期ですが、一方で、保育者の受容とあたたかなかかわりが大切です。自立と依存に揺れる子どもの実際やていねいな保育について説明しましょう。
- 友達と遊ぶことを楽しむようになる一方で、子ども同士のトラブルも見られるので、その対応に悩む実習生も多いでしょう。実習生の話に耳を傾け、さまざまな角度から子どもを理解したり、その対応についてともに考えたりすることにていねいにつきあいましょう。
- 子どもの背景にある家庭や保護者の理解が保育をするうえで大切なことを具体的に理解できるよう、機会を見つけて説明するようにしましょう。

中間の振り返り

　実習の最後に、まとめと振り返りの機会をもつ実習園は多いと思いますが、実習期間の中間で振り返りをしている園も増えています。ねらいは、実習課題の再確認や達成度の確認、疑問や不安、戸惑いを実習指導者が中間で受け止めることで、後半に向けて学びの立て直しをすることにあります。実習生の良いところを認めながら、後半の実習に向けて意欲を高められるようにしましょう。

ポイント❶　実習生の主体的な振り返りを引き出す

　中間の振り返りをするのは、実習生本人でなければ意味がありません。つい指導者側からの言葉が多くなってしまい、実習生が受け身で実際の振り返りにならないことも少なくありません。実習生自身のささいな気づきを大切に拾いあげ、発見や喜びに共感することで、学びの意欲につながることもたくさんあります。感想、気づいたこと、不安に思っていること、わからないこと等も含めて、振り返りながら不安を取り除き、学んできたことを整理する機会にしましょう。

ポイント❷　実習生を肯定的に受け止め、課題に前向きに取り組めるようにする

　傍観的な態度になりがちな実習生に対し、「もっと子どもたちと積極的にかかわって」と指摘するだけでなく、「よく子どもたちのことを観察しているわね。一人ひとりの子どもたちの興味関心が違うこともわかるでしょう」と今の実習生の学びの段階を肯定しながら、実習生が感じていることや思ったことを引き出して話題にし、その背景を一緒に考えることも必要です。

　また、「後半は遊びのどんなところが面白いと感じているのか、子どもたちの言葉を近くで聞いたり、一緒に遊んでみるといいかもね」など、子どもたちとかかわる具体的な方法を示すことも、意欲を前に向けることにつながります。

ポイント❸　実習生の振り返りを通して自身の保育を見直す

　現場の保育者よりも実習生のほうが新鮮な目線で感じていることも多く、保育者にとっても自己の保育を見直す良い機会となります。指導者として力んでしまい、怒りを実習生にぶつけたり、自分の保育を取り繕うような対応を実習生にすることは良い学びにつながりません。

実習中の訪問指導

エピソード1-7　訪問指導で、なぜ涙するのでしょう？

　メグさんの訪問指導は、実習の初めの週の金曜日に行われました。メグさんの短大の担任の教員が、ちょうど昼食頃の時間に訪れました。そのときメグさんは、2歳児クラスで、昼食の介助を行っていました。

　はじめに、園長・主任保育者が養成校教員と話をし、メグさんのがんばっている点などを伝えました。養成校教員からは、メグさんの他の実習での様子、所属するサークル、ボランティア活動など学校での様子が伝えられました。園としても知らなかった情報が聞けたことで、今後のメグさんの指導に活かせると考えました。

　養成校教員は、メグさんの実習場面を保育室に見に来ました。メグさんは緊張感を覚えましたが、そのままふだん通りに子どもとかかわりました。しばらくした後、園内を案内していた主任保育者に声をかけられ、養成校教員とともに相談室で話をしました。しばらくぶりに会う担任の教員に、実習での楽しさや子どもとのかかわり、不安な点等を話しました。メグさんは、養成校教員に話をするうちに感情が高ぶり、少し涙も出てきました。とにかく安心し後半の実習もがんばれそうだと感じたようでした。

ポイント❶　実習の様子を見る機会をつくり、訪問指導に活かせるようにする

　実習状況の説明に加え、実際に実習している様子を養成校教員に見てもらう機会をつくるとよいでしょう。養成校教員が学生と面談するときの指導に役立ちます。

ポイント❷　実習生が養成校教員と落ち着いて話せる場を用意する

　養成校教員の訪問は、実習生にとって安心するひとときです。はりつめていた緊張の糸が切れて涙を見せることもあります。実習園ではそのような素振りを見せなくても、壁にぶつかっていたり、自信をなくしていたりする実習生もいるでしょう。訪問指導では、実習生が養成校教員と話すことで、気持ちや学びを整理する重要な場となります。ゆっくりと落ち着いて話ができる環境を用意することが必要になるでしょう。

> **実習6日目** 異年齢児

エピソード 1−8　異年齢の保育っていいな

　実習中、土曜日の保育を体験する機会があります。メグさんの実習園では、土曜日は異年齢で過ごしています。3歳未満児と3歳以上児で大きく2つの集団で生活しますが、園庭での遊びなど、日中はすべてのクラスの子ども同士が一緒に過ごします。

　メグさんは、これまでかかわった3歳未満の子どもと次の週から配属されるクラスの3歳以上の子ども双方にかかわることができるので、楽しみな反面、どちらからも求められたらどのように優先していけばよいかなど、少し不安もありました。

　朝、3歳以上の子どもたちは、登園するとすぐ、園庭に遊びに出ていました。3歳未満の子どもたちも準備をすると、園庭に遊びに出ました。メグさんも一緒に園庭に出てさまざまな年齢の子どもたちと過ごしました。すると、自然に4歳児が1歳児の手を引いていたり、5歳児の遊びの中に2歳児を入れていたりという場面が見られました。3歳児も5歳児の大縄跳びをじっと見ていて、こういうところが異年齢のかかわりの良さであると改めて実感することができました。

　また、この日は人数も少なく、全員で昼食を食べました。4、5歳児がさりげなく低年齢児の世話をする姿を見て、メグさんは、異年齢で生活する効果に気づくことができました。この日のことで、実習1週目の何気ない異年齢のかかわりを思い出すとともに、2週目にも引き続き、こうしたかかわりに注目するようになりました。

ポイント❶　異年齢保育の良さを体験できるようにする

　メグさんは、土曜日の保育の場面から、少人数での過ごし方や子ども同士のかかわりについて理解しようとしています。少人数による緩やかな雰囲気に気づくのも必要ですが、その中で過ごすことの良さや異年齢で過ごす際の保育者の意図や配慮についても理解できるよう、保育者がさりげなく言葉をかけていくことも理解を促す助けとなります。

実習7日目　3歳児クラス

エピソード1-9　レストランごっこ、楽しい！

　メグさんは、実習2週目からは幼児のクラスに配属されることになっており、1日だけでしたが、3歳児クラスで実習しました。3歳児は、低年齢児と比べ、食事、排泄、衣類の着脱などもほぼ自立できるようになっていました。

　遊び方を見ても、「平行遊び」をしている子どももいましたが、友だちと一緒に誘い合っている姿もよく見られました。ごっこ遊びのコーナーには、さまざまに見立てることができそうな布や空箱等、いろいろな素材が置いてあることにも気づきました。

　メグさんは、しばらく子どもたちの遊びの様子を近くで見ていましたが、担任保育者から「ほら、お客さんになってあげて」と促されて、レストランごっこのお客さん役として遊びに加わりました。レストランごっこでは、「いらっしゃいませ」とメグさんを迎えてくれる子、料理をつくってくれる子がいました。一緒に遊んでみると、子どもたちが何を楽しんでいるのかがわかりました。何よりメグさんも楽しそうです。一度に話をされることもあり、どのように答えてよいか戸惑うこともありましたが、保育者から3歳児の特徴を聞き、個人差が大きいことや一人ひとりの気持ちを受け止めつつ、できるところは自分でするように配慮していることなどを知りました。

ポイント❶　実習生が子どもと遊びを通してかかわる体験を大切にする

　メグさんは、3歳児の遊びの様子から、子どもの心身の発達の特徴を理解しようとしています。子どもたちは会話が盛んになり、友達と自分からやりとりをして、保育者の援助がなくとも遊んでいました。特に、自分たちだけでごっこ遊びをする姿は、メグさんにとっては驚きと発見でした。よく観察し、保育者がごっこ遊びを誘発するように環境を構成していることにも気づいています。このようなメグさんに保育者は、子どもたちと一緒に遊ぶよう促しています。観察して学ぶことも大切ですが、子どもたちとのかかわりを通して感じとる体験が重要です。特に子どもと遊ぶことを通して、子どもが遊びの中で何を楽しんでいるのかを感じとり、遊びの楽しさを共有する体験は、子どもの遊び理解には欠かせないものです。

> **実習8日目・9日目・10日目** 4歳児クラス

> **エピソード1-10　はじめての指導実習（部分実習）に向けて**
>
> 　メグさんは、実習8日目から3日間、4歳児クラスに配属されました。4歳児クラスでの実習体験ははじめてでしたが、これまでも園庭で遊んでいる際に言葉を交わしたり、異年齢でかかわる際によく年下の子の面倒をみる4歳児の姿を見ていました。そのため、3日間過ごす中で、子どもとの関係を深めていけるのであろうと、4歳児クラスでの実習を心待ちにしていました。
>
> 　この時期の4歳児は身体的な面や生活面だけでなく、友だちとのかかわりや語彙、表現の方法など、すべての部分でこれまで実習に入ったどのクラスの子どもよりもしっかりしているように見えました。子どもたちが描く絵やごっこ遊び等で見せるしぐさ、作るものの完成度など、年長児に一歩一歩近づいている時期だからかもしれませんが、これまで育ってきた過程がわかるような気がしました。
>
> 　4歳児クラス3日目（実習10日目）に簡単な活動を提案する指導実習（部分実習）を予定しています。そのために、4歳児クラス1日目（実習8日目）に、メグさんは<u>生活の流れや子どもの姿をよく観察し、その日の夕方、担任保育者のd先生に相談しました。d先生は、メグさんと話をする中でメグさんの関心を聞いて、クラスの状況も伝え、どのようにしたらよいかともに考えました。</u>
>
> 　ちょうどクラスでも凧揚げをしたり、風車を作ったりと、風に関する活動をしているところでした。メグさんは遊びの中で、クラスのねらいと同様に「風に関心をもち、風で遊ぶ」ことをねらいにすることにしました。
>
> 　まず、子どもたちが園庭で遊んでいる間に、紙飛行機を作るコーナーを設定し、子どもたちはそこに興味をもった子どもから自由に参加して、最後に、より多くの集団で紙飛行機飛ばしをしようと考えました。

ポイント❶　指導実習（部分実習）の内容は、実習生とともに考える姿勢をもつ

　メグさんは、3日間、4歳児クラスで実習しました。4歳児クラスでは指導実習（部分実習）も実施します。そのため、メグさんは、一人ひとりの子どもの様子や状況、保育者の動きや言葉、意図や配慮、クラスの雰囲気を注意深く観察しました。指導実習（部分実習）の実施にあたって必要なこれらのことは、実習生

の自らの気づきや学びに加えて、保育者からも説明することで理解が深まります。

　また、指導計画を提示しクラスの月間のねらいを説明して、実習生と一緒に活動を考えることが大切です。

指導実習（部分実習）の指導の流れとポイント

指導実習（責任実習）は保育実習Ⅱでの内容ですが、保育実習Ⅰの段階でも、絵本読みや紙芝居読み、手遊びなど一部の時間を活用しての指導実習（部分実習）は、できるだけ体験できるようにするとよいでしょう。

●**実習指導者からすすめましょう**

　養成校からの指導で指導実習（部分実習）を経験したいと思っていても、はじめての実習で言い出せない学生も多いので、実習指導者から、「絵本読んでみる」など短い時間帯を決めて、機会をつくってあげるとよいでしょう。

●**成功体験となるようにしましょう**

　緊張しながらの指導実習（部分実習）です。できるだけ成功体験を味わえるよう、実習生がすることに子どもたちが興味をもてるように環境を整えるなど配慮することも大切です。はじめから落ち着かない雰囲気での絵本読みや、子どもたちが参加しにくい条件での手遊びなどは、実習生に失敗体験や苦手意識を植え付けてしまい、その後の実習に影響しますので注意しましょう。

●**指導案立案なしでの体験から始めましょう**

　指導案は、事前に立案することで環境設定や保育者の配慮を学ぶ機会になりますが、子どもたちの興味や関心、発達状況を理解していない段階では立案することが難しいのも当然です。初期の段階では、指導案を立案せずに、簡単な手遊びや絵本等の実践を経験できる機会を多く用意するとよいでしょう。

　このような経験を重ね、実習生自身が手ごたえを感じると、配慮しなければならないことも徐々にわかってきて指導案の立案につながっていきます。指導案の立案段階で何度も手直しをされて、くじけてしまう実習生も少なくありません。実習生自身が「やってみたらできた」「子どもたちも楽しそうだった」と思えるような指導実習（部分実習）の機会を積み重ねることが、いずれ経験する保育実習Ⅱ、指導実習（責任実習）に向かう意欲につながっていくのだと思います。

子どもの前に出る体験

メグさんは、4歳児で予定している指導実習（部分実習）の前に、子どもたちに絵本や紙芝居を読み語る機会を各クラスでいただきました。メグさんは、発達や季節、そのときの子どもの興味・関心、読む時間帯などを考慮して選書した絵本を、子どもたちの前で読みました。

1歳児クラスと2歳児クラスで、それぞれ配属2日目に絵本を読みました。簡単でわかりやすい内容のものを選んで、わらべ歌などを歌って、ゆったりと話に入ることができるように心がけました。

3歳児以上のクラスでは、いずれのクラスでも同じ絵本を読みました。クラスによって子どもたちの反応にどのような違いがあるのかを知りたかったからです。

メグさんは、3歳児でも5歳児でもわかるような内容のもので、2月なので冬の自然が感じられるような絵本を選びました。子どもたちはいずれのクラスでも真剣に見入っていました。実習生が読むことで新鮮だったようです。また、笑ったり、興味を惹くような場面は、同じだったり異なっていたりしました。

（事前の確認のポイント）

・選書や練習ができるよう、絵本の読み聞かせをすることをいつ、どのような場面で行うのか、事前に確認し伝える。
・絵本や紙芝居など、園にある物を使用できるのかもあわせて確認し伝える。

（事後の振り返りのポイント）

・実践後の実習生の感想や学びを聞く。
・実習生に確認する余裕がないことも多いので、そのときの実際の子どもたちの様子について伝える。
・次につながるように、選書や読み方について良さと改善点を伝える。

第2章 実習指導の実際

メグさんの実習指導案　指導実習（部分実習）

2月12日木曜日　　　4歳児クラス		○○○組　　男児10名　女児11名　計21名	

<子どもの姿>
- クラスのねらいが「風に関心をもち、風と遊ぶ」であり、風に関心をもつ子どもがいる。
- 寒さに負けず、外で遊ぶことを好む。
- 製作をする際には、試行錯誤しながら自分で考えて工夫する姿が見られる。

<ねらい>
- 風に関心をもち、風と遊ぶ。
- 工夫して風に乗って飛ぶ紙飛行機を作る。
- 寒さに負けずに外で遊ぶ楽しさを知り、友達と誘い合ったり励まし合ったりしながら遊ぶ。

<内容>
- いろいろな紙飛行機を作り、飛ばして遊ぶ。

時間	環境構成	予想される子どもの姿	実習生の動き・配慮
	・砂場の横のスペースに紙飛行機を製作できるコーナーを用意する。 ・テーブルの上に紙とマジック、テープ、はさみを用意する。	・興味ある子どもから順に集まってくる。 ・実習生をまねて作ったりして、飛ばしてみる。	・子どもに声をかけたり、飛ばしたりしながら、紙飛行機作りに誘う。 ・子どもが遊んでいる姿を見守りながら、一緒に遊んだり声をかけたりする。 ・「ひこうきや」の看板を立て、完成品をテーブルの中央に置き、興味をもった子どもと作成する。

（環境構成図）
園庭にテーブルを用意する
砂場
砂場のごっこ遊びコーナー
●実習生　○子ども

①興味・関心を示す子ども
②関心はあるが様子を見ている子ども
③まったく興味を示さない子ども
など、さまざまな子どもの姿をイメージしてみましょう。それぞれにどう対応するかを考えてみましょう。

ポイント❶　詳細に書くことよりも要点を押さえたものにする

　はじめての実習でもあり、メグさんはまだ指導案の作成に慣れていないので、詳細な記述よりも要点を押さえたものになるよう指導するとよいでしょう。実習の段階や実習生の経験を考慮しながら指導します。

ポイント❷　保育の連続性や子どもの理解を基にした指導案とする

　クラスの月案や週案なども関連させながら、どのようなねらいをもってどのような活動を行っているのか、事前に説明することも必要となります。実際の保育の流れと実習生の指導実習がつながっていくように、実習生と一緒に計画を考えていくようにしましょう。メグさんは保育者の助言をもらいながら、保育の連続性と子どもの理解を基にした指導案を作成することができました。

85

実習11日目　5歳児クラス

エピソード1-11　5歳児ってすごい！

　メグさんは、最終日に5歳児クラスに配属されました。これまで、園庭などで遊ぶ際にかかわりがあったり、年下のクラスに当番活動などで手伝いに来たりするなかで、その姿を見ていました。

　園庭での遊びにおいても、リーダー的な役割を担っていたり、年下の子どもたちは、年長児の姿を見てまねをしたり、年長児の輪の中に入れてもらっていたりしていました。年長児はそれをすんなりと受け入れ、自然に面倒を見ていました。

　仲間同士の関係性も深まっているようでした。話し合って大きな秘密基地を作っている集団や、ルールを自分たちで決めながらオニ遊びをしている集団がいました。5歳児の後半になるとこんなことまでできるのかと、友達と協同して遊んでいる姿に感心するばかりでした。また、竹馬に乗って自由自在に歩き回ったり、縄跳びをがんばっている姿もありました。いろいろなことに挑戦している姿もたくましく見えました。さらに、朝登園すると、クラスの入り口付近にあるスケジュールボードを確認して活動していました。保育者が指示をしなくても動いている姿がとても頼もしく見えました。

　メグさんは、年長児が自分たちで遊べることはよくわかりましたが、そんな年長児に自分自身がどのようにかかわったらよいのかわからなくなり不安になりました。

　担任の保育者のe先生は、「年長なので、あまり大人の助けを求めないです。自分たちで夢中になって遊んでいるときは、必要に応じてかかわっていくだけでもいいですよ」と言われ、自分のかかわりでよかったのかと少し安心しました。

ポイント❶　発達の気づきを引き出し、子どもの育ちについて語り合う

　実習も後半になってくると、子どもを見る視点もしっかりしてきます。メグさんは5歳児の発達の姿に多くの気づきがありました。保育者も日々の子どもの姿から感じとっている子どもの育ちについて実習生に伝えましょう。子どもの育ちについて語り合うことは保育者の喜びでもあります。実習生もそのような体験を味わうことができるとよいでしょう。

エピソード1-12　保育ってかけがえのない仕事

　メグさんは、この実習を通して、各年齢の発達についてイメージができました。また、年齢によって、保育者の援助や言葉かけに違いがあることにも気づきました。実習に来るまでは、「子どもと遊ぶ」「援助をする」「保護者の支援をする」などといった漠然としたイメージしかありませんでしたが、より具体的にどのようなもので何のために行うかがはっきりしました。何より、子どもとふれ合い、遊ぶことがこんなにも幸せなことかと、実習の終わりが近づくにつれて、さみしい気持ちになり、かけがえのない仕事だと改めて思いました。

ポイント❶　具体性をもって保育を理解することを伝える

　メグさんは、最後に子どもや保育について、具体的にどのようなものなのか、何のために行うのか、体と心と頭で理解したようです。実習では、抽象理解ではなく、体を動かし、心で感じ、頭で考えることで、具体理解が可能になります。そのような実習体験を支えていきましょう。

3・4・5歳児クラスの指導ポイント

- 子どもの自発的で主体的な遊びを実習生も一緒に楽しめるようにしましょう。その中から、遊びを通して学ぶ子どもの理解を深められるようにします。
- 子どもの遊びを広げるような環境の工夫に気づけるよう、助言しましょう。
- 実際の保育と「保育所保育指針」の5領域を結びつけて理解できるよう説明しましょう。
- 「協同的な活動」等、子ども同士のかかわりの中での育ちに着目して学べるよう、具体的な場面を通して解説しましょう。
- 子どもの育ちを保護者とどのように共有しているのか、掲示やお便り、ドキュメンテーションなど保育の可視化の工夫なども合わせて、実際の資料に基づき説明しましょう。
- 行事や活動のねらい、工夫、子どもの育ちなどについて説明しましょう。
- 小学校との接続や「幼児期の終わりまでに育ってほしい姿」について、具体的に説明しましょう。

実習の振り返り（反省会）

 エピソード1－13　自分の良さって何？

　メグさんは、実習全体の振り返りを実習最終日に行いました。園長先生のほか、実習担当保育者と、配属クラスの担任保育者が出席しました。メグさんは多くの保育者に囲まれ、とても緊張しました。また、自分のできていなかったことを指摘されるのではないかと不安をおぼえました。しかし、その緊張や不安は、徐々に薄らいでいきました。
　実習担当保育者は開口一番、「メグさん、本当に実習おつかれさま。本当にがんばったね。あなたのがんばりは、職員みんな、感心させられました。不安や戸惑うことも多くあったのではないですか？　実習で学んだことはどんなことでしたか？」と尋ねられました。メグさんは、「子どもたちとかかわることができて、とても良い体験ができました。発達の違いや成長について知ることができました。特に、子どもが遊びや生活の中で何を考えているのか、興味がさらにわきました。具体的には…」と答えました。その後、保育者がそれぞれメグさんの良かったところを伝えました。メグさんは、そのなかで、自分の良さや課題が何であるかを知ることができました。

ポイント❶　実習生の良さを具体的に伝える

　学びの途中である実習生に、まだできていないことはたくさんあるでしょう。今後の課題としてそのことを伝えることは大切です。しかし、その前にまずは実習生の良さを具体的に伝えましょう。自分の良さを認識し、受け入れることで、課題に向き合うことができるからです。

 エピソード1－14　不安を話してすっきり！

　実習担当保育者は、メグさんに困ったことや不安だったことは何か尋ねました。メグさんは言いにくかったので「ありませんでした」と言いました。すると、「不安や戸惑いがない実習生なんていないのよ。メグさんが何と答えようと、実習の評価には影響しないし、むしろ、私たちの今後の受け入れの質を向上させるために、教えてほしいのよ」と言われ、メグさんは感じていた不安や戸惑いを話すことができました。話すと何だかすっきりしました。

第2章 実習指導の実際

ポイント❶ 実習生の感じた不安や戸惑いを受け止める

十分配慮していたつもりでも、実習生が実習中に不安や戸惑いを感じることはあるものです。そのことを聞くこと、話してもらうことが大切です。園の保育や実習指導に役立てることができるからです。メグさんも話を聞いてもらうことで、モヤモヤしていた気持ちが晴れました。

> **エピソード1-15 すてきな先生に出会えた**
>
> 　振り返りの後、実習担当保育者から「うちの園で、モデルにしたいと思った保育者はいましたか？」と尋ねられました。「みなさんすてきでした」と答えましたが、特にb先生はすてきだと思ったので、そのことを伝えました。実習担当保育者は「ありがとう。私たちは、実習生に来てもらって、指導させてもらうことで、保育者のキャリアアップにつながると思っているの。メグさんからもいろいろと意見を聞くことができてよかったわ。また、いつでも遊びにいらっしゃい。子どもたちも待っているわ」と言ってくださいました。メグさんは、その言葉を聞くと、涙があふれてきました。

ポイント❶ 実習を通して理想の保育者像を描けるようにする

メグさんは、b先生を通して理想の保育者像を描くことができたようです。「どのような保育者になりたいか」、実習生が具体的なイメージをもてるような実習であれば、それはよい実習であったといえるでしょう。振り返りの際、実習生に尋ねてみるのもよいでしょう。

＜実習終了後の振り返りのポイント＞

▶実習生から聞きたいこと
・実習で感じた喜びや不安、学び
・実習目標やねらいの達成状況
・自身が感じる自身の良さや課題

▶園から伝えたいこと
・実習で見えた実習生の良さと課題➡次の実習へのつながりや目標が明確になるように
・実習終了後のかかわり➡行事、その他への参加を呼びかける

実習事後指導

▶メグさんへの事後指導

メグさんは、養成校で以下のような事後指導を受けました。

＜メグさんの実習事後指導の内容＞

❶実習体験の共有	学生同士、語り合い、対話を通して実習体験を共有します。
❷実習体験のまとめの作成	心に残るエピソードとともに、自身の体験を文章にまとめます。
❸実習体験の発表	実習での学びの成果を発表します。
❹実習評価の確認	自身も実習評価を行うとともに、教員との面談等を通して、実習先からの評価も参考にしながら確認します。

▶メグさんのその後の学習

はじめて目の当たりにした子どもの姿や園での生活、保育者の姿等、学生の脳裏に刻まれた保育の営みを通して、その後の講義や演習での学びをより具体的なものとしていきます。実習生にとっては実習は単なる2週間の体験としてではなく、学びの意欲も含めて、その後の学習のバックグラウンドを支えていきます。

メグさんも実習後、より子どもの姿が具体的に頭に思い浮かべられるようになりました。また、子どもの発達に関することや、障害児の保育や生活について、より学習を深めてみようと思うようになりました。さらに、保護者支援にも関心を寄せ、学内の子育て支援の場にボランティアで参加するようになりました。

▶次の実習に向けての反省や課題

メグさんは、今回の実習で見えた自身の良さや課題を次の実習にどう活かしていこうかを考えるようになりました。子どもと一人ひとりていねいにかかわろうとするところや、前向きに取り組む良さは、今後も伸ばしていく点だと自覚するようになりました。半面、じっくり考えようとして動けなくなってしまうところは課題だと考え、意識できるようになりました。

▶メグさんの実習後の園とのつながり

実習後、メグさんは、園の行事に顔を出したり、空いている日に子どもたちと遊びに行くようになりました。その後の子どもの育ちを確認したり、実習のときには体験できなかった行事などについても見ることができるからです。園も快く受け入れ、メグさんの学びはさらに深まりました。また、今後就職を考えるときにも、選択のための1つの視点として考えられるでしょう。

トモさん（実習生）の紹介

トモさん（実習生）（□□大学3年生）

＜実習状況＞
- 1回目の実習は今回の実習とは異なる保育園で実施している。そのときはすべての年齢のクラスで実習を行った。
- 将来、保育者になりたい気持ちはあるが、保育者として働いていく自信はあまりない。そのため、就職に関しては現在悩んでいる。
- 1回目の実習では、低年齢児とのかかわりが少なかったので、低年齢児とのかかわりには不安がある。一方で、かかわってみたい気持ちや学びたい意欲はもっている。

＜実習内容＞
保育実習Ⅱ
（2回目の保育園実習）

＜実習時期＞
9月

＜実習課題＞
❶ 子ども一人ひとりの理解を深める。
❷ 支援を要する子どもとのかかわりについて学ぶ。
❸ 低年齢児の責任実習を体験し、保育の過程や連続性を学ぶ。

＜実習計画＞

	配属クラス	その他の予定		配属クラス	その他の予定
1日目	1歳児クラス		7日目	2歳児クラス	訪問指導
2日目	3歳児クラス	お月見	8日目	2歳児クラス	指導実習（部分）
3日目	4歳児クラス		9日目	2歳児クラス	
4日目	5歳児クラス		10日目	2歳児クラス	指導実習（責任）
5日目	2歳児クラス		11日目	2歳児クラス	実習の振り返り
6日目	異年齢児		12日目	異年齢児	

学内事前指導

　トモさんの□□大学では、以下のような実習事前指導が実施されています。

❶　保育実習Ⅱの目標・内容の理解

　□□大学で定める保育実習Ⅱでの目標や学びの内容を確認し、今回の実習で具体的にどのようなことを学んでくるのかを各自が認識し、これらの内容をふまえて実習課題を立てられるようにします。

❷　活動案グループワーク

　指導実習（責任実習）への準備もふまえて、子どもたちの年齢や実習時期を考えて、一緒に楽しむことができる体を使った遊びや製作活動等を各年齢ごとに1つずつ考えます。その活動案をグループ内で共有し、活動研究を行います。

❸　指導案の作成

　指導案を模擬的に作成し、計画の立案について学びます。指導実習をしてみたい年齢を想定し、その時期のねらいと内容を設定し、指導案を立てます。その後、学生同士で作成した指導案を検討し、学びを深めます。

❹　実習課題作成（保育実習Ⅰを振り返り、課題を明確化）

　実習に備えて、どのようなことを実習で学びたいか考えます。その際、大学での学びや保育実習Ⅰで明確となった自己の課題をふまえて考えます。また、授業内で確認した保育実習Ⅱの目標や内容に基づいた学びができるように、課題を設定します。その他にも実習園の保育方針や理念等をふまえた課題となるよう指導しています。

❺　記録の書き方

　保育実習Ⅰの実習日誌を再度読み直し、記録の書き方について改善点等を検討します。また、エピソード記録の書き方について学びます。

❻　現場の先生の講話

　保育園の先生をお招きし、保育の実際の話を聞く機会を設けます。実習の心構えや準備、学んでほしいことも含めて、現場の先生から学びます。

❼　諸注意

　実習に向けての諸注意を確認します。実習態度・マナーをはじめ、実習中の健康管理や欠勤等の対応、保育士の倫理について確認します。守秘義務については、SNSに関する注意事項についても確認します。

第2章　実習指導の実際

オリエンテーション

　○○保育園で実習をするトモさんのオリエンテーションは、次のようなことが行われました。

❶　パンフレットやしおりを用いて園の沿革、保育方針を伝える

　園の沿革や保育方針・保育目標について伝えます。保育の中でどのようなことを大切にしているのか、パンフレットやしおり等を用いてわかりやすいように工夫しました。その他に、子どもの人数、クラス、職員構成等についても伝えます。

❷　実習生の実習課題を確認し、体験する機会を設定する

　実習に向けて実習生が設定した実習の課題を確認します。設定した課題によって、どのようなことを実習生が体験できるようにすればよいのか、そのための機会を保育者がどのように準備すればいいかの参考とします。トモさんは低年齢児での指導実習（責任実習）を希望していたので、後半は2歳児クラスで継続的に実習し、指導実習の体験ができるようにしました。また、支援を要する子どもとのかかわりについて学ぶことも課題としていましたので、4歳児クラスに在籍している支援を要する子どもの様子について伝え、かかわりの機会の設定と学びのポイントを説明しました。実習生の課題によっては取り組みが難しいものもあるかもしれません。その際には、実習生にその旨を話し、相談します。

❸　実習初日を安心して迎えられるよう必要事項を伝える

　実習初日を安心して迎えられるように、トモさんの実習課題をふまえ、配属クラスや指導実習（部分・責任実習）の予定を決め伝えました。

　それ以外に、実習中の服装や持ち物、実習中の昼食（給食）に関して、出退勤時間等に加え、子どもとかかわるときの留意事項や実習生としての園での過ごし方など、実習において必要な事項を確認しました。トモさんも具体的な説明を受けたことで、事前の準備に取り組みやすく、心構えもできたようです。

実習1日目　1歳児クラス

> **エピソード2-1　保育の中にある子育て支援とは**
>
> a保育者：優しいトモさんが遊んでくれるとわかると、TちゃんやKくんは本当に楽しそうに遊んでいましたね。
>
> トモさん：はい。でもおもちゃの取り合いになったとき、私は最初に持っていたTちゃんから黙って持っていったKくんに、「貸してって言うんだよ」と教えてもうまくいかなくて困りました。
>
> a保育者：でも冷静に対応していてよかったですよ。トモさんはKくんに「ああ、欲しかったんだよね、やってみたいよね」って言っていました。あの言葉はよかったと思います。Kくんにも届いていたと思います。あのような体験を積み重ねながら、自分の気持ちや行動を整えていく力が育っていくんです。実はあのときTちゃんには大きな成長が見られたんです。保護者に伝えてあげたいですね。
>
> トモさん：そうなんですか。
>
> a保育者：Tちゃんは「嫌だ」って言って自分の感情を出していました。その力強さに驚きました。「嫌なことは嫌って言っていいんだよ」「よく言えたね」と褒めてあげたいぐらいです。

ポイント❶　子どもの育ちを保護者に伝えることが保護者支援になる

　トモさんは1歳児の発達の特徴を学ぶというねらいをもっています。実習の後半には、年齢が一つ上の2歳児クラスに継続的に入ります。その実習の見通しの中で、発達の連続性も学ぼうとしています。この学びの延長に保護者支援はあります。a先生はTちゃんの育ちに気づき、それを保護者に伝える意味があると言っています。短い実習期間では、実習生が子どもの育ちに気づくことは難しいものです。実習指導では、子どもの育ちに気づくことは「発達を理解しているからこそ見えてくる専門性」であることや、「子どもの育ちを保護者に伝えること」が保護者との協働の第一歩であることなどを説明します。また連絡帳や掲示物、お迎え時の口頭での連絡など、保護者に伝える方法は多様であっても、保護者との協働は、保育者が子どもの成長に気づき、その喜びを伝えたいという気持ちがあることが基本になります。

実習2日目 3歳児クラス

> ✏️ **エピソード2-2　日本の文化を知る**
>
> **＜トモさんの実習日誌より＞**
>
> 　今日の実習では、子どもたちとお月見のお団子づくりをしました。3歳児クラスの子どもたちはお団子をつくる感触がとても楽しかったようで、どんな形にお団子をつくろうかとワクワクしながら、こねていました。いつもと異なる保育で、保育者の動きも通常とは違って、私は何をするべきか考えて動くことができなかったと思います。事前に行事があるとわかっていたので、先生方にうかがい、把握しておくべきだったと思いました。
>
> 　行事というと、運動会や発表会など代表的なものにとらわれがちになってしまいますが、十五夜（お月見）も日本の文化として大切な行事であると改めて感じました。また、保育者がお月見について話をしている様子を観察し、もし私が子どもたちにお月見について聞かれたら、何と答えるだろうかと考えてしまいました。今のままでは、子どもたちにきちんとした由来を説明することができません。保育者は、このような日本の文化や伝統行事についても知っておくことが大切なのだと改めて感じました。
>
> **＜保育者のコメント＞**
>
> 　今日は十五夜ということで、お団子づくりをしました。子どもたちの楽しそうな姿が印象的でしたね。今は十五夜の行事も家庭では見かけなくなりましたが、園では日本の伝統的な文化にふれることで、日本の四季（季節）を感じる心や、文化を大切にする気持ちを育んでいくことを大切にしています。私たちも日本の伝統的な文化や行事について学び、子どもたちに伝えられるようにしています。トモさんもさまざまな行事や文化を調べ、子どもたちに伝えていってください。

ポイント❶　日本の伝統的な文化や行事を体験する意味を伝える

　保育の中で日本の文化や行事にふれる意味を実習生に伝えましょう。どのようなねらいがあり、子どもたちにどのような体験をしてほしいと考えているのか子どもの年齢に合わせた文化や伝統を伝える方法を実習生に伝えましょう。通常の保育とは異なる行事等の保育は、いつもと保育者の動きも異なります。実習生も積極的に動けるように、事前に当日の動きや学びのポイントを伝えておくとよいでしょう。

実習3日目 4歳児クラス

✏️ エピソード2-3　R君ってどんな子？

＜トモさんの実践事例＞

　砂場で3〜4人の子どもたちが一緒に山をつくったり、掘ってトンネルをつくって遊んでいました。そこに突然R君が来てつぶしてしまいました。突然だったので子どもたちも怒り、「だめだよ！」「も〜R君！」と責められたため、R君はさらにシャベルで叩こうとしました。私は「R君！　だめ！」と叩こうとした手を止めました。すると、「やあだ！」と言って私の手をはらい、今度は私を叩こうとしてきたので、「やめて！」と言うと奇声をあげてさらに怒り、泣き続けていました。そこへ山を壊されて怒っていたはずのT君が「R君！　はい！」とシャベルを手渡し、山づくりに誘ってくれました。R君も急に気持ちが変わり、うれしそうに一緒に参加していました。

　私はどのようにかかわればいいか戸惑っていましたが、T君の優しさやR君の気持ちの切り替えの速さに驚きました。

＜現場の保育者の助言＞

　R君は3歳児のときに入園、3歳児健診のときに経過観察中といわれ、支援を必要とする子どもとして個別カリキュラムを立てています。<u>コミュニケーションにおける育ちは2〜3歳児程度ととらえ、気持ちに寄り添い、周囲の状況を伝えながらかかわるように心がけています</u>。今日のR君、きっと一緒に遊びたかったのでしょうね。T君がシャベルを手渡したのも、そんなR君の気持ちがわかっていたからだと思います。

　その場で起きている状況だけで善悪を判断するのではなく、その場にいる子どもたちの内面（心）を察してかかわることが大切です。もちろん、してはいけない行為を注意することは大切なので、トモさんのかかわりは間違っていませんよ。これからは"子どもの心の内面を察してかかわってみる"ことを心がけてくださいね。

ポイント❶　支援を要する子どもの特徴やこれまでのかかわりを伝える

　実習生には、支援を必要とする子どもの特徴やそれまでのかかわりを伝えることが大切です。そのうえで、R君が孤立しないよう配慮しながらも、保育者自身がR君を大切に思っていること、クラスの仲間として保育者がR君の代弁者となり仲介していることなど、日頃大切にしていることを伝えます。

エピソード2-4　巡回指導から学ぶ

＜トモさんの実践事例2（巡回指導の観察）＞

　今日はR君の巡回指導を観察させていただくことができました。ちょうどR君とかかわることができた日だったので、とても勉強になりました。泣いたり怒ったりしてトラブルの多いR君ですが、"R君自身が一番困っている"という相談員の先生の言葉がとても心に残りました。いけないことをしているとつい叱ってしまったり、行動を止めてしまうことばかりに意識が向いてしまいますが、R君の身になって考えてみることをもっと勉強していきたいと思いました。

　また、"担当の先生が日頃R君の心をしっかり受け止めてかかわっているからこそ、クラスの子どもたちに思いやりが生まれている"という言葉にも感動しました。

　○○先生は「R君は本当はみんなと遊びたいのに、気持ちを言葉や行動にできないでいるのが苦しいだろうに……」、「クラスの子どもたちも最近、仲間意識が高まり、協力して遊ぼうと盛り上がってきているところなので、その思いも大切にしたくて……」と涙を浮かべながら話されていました。R君を含めたクラスの子どもたち全員のことを、先生が真剣に考えていることに感動しました。大変貴重な機会を与えていただき、ありがとうございました。

＜現場の保育者の助言＞

　今日は貴重な体験ができてよかったですね。年に2〜3回来てくださる巡回指導です。日々の保育園生活で意識が薄れがちなことや、R君に対する的確な助言がいただけるのでとても助かっています。"R君が一番困っている"は私もドキッとしました。

　今日の相談員の先生は、R君の3歳児健診のアフターフォローをしていただいている先生です。保育園という生活の場所・療育的な支援をしている場所・そして家庭という、R君とかかわりのある場の人たちがみんなで情報やかかわりのポイントを共有できることは、とても意味があるものとなっています。

ポイント❶　巡回指導について実習生に伝える

　「巡回指導」という制度が実際に保育現場でどのような役割を果たし、成果につながっているかを伝えていきましょう。実習生という新鮮な目、心も大切にしながら、現場の保育者にとってもその新鮮な思いが気づきとなり、学びを深めていることにもふれたいものです。

実習4日目 5歳児クラス

✏ エピソード2-5　どこまで見守ればいいの？

＜反省会でのやりとり＞

b保育者：今日の実習で、何か困ったことや疑問に思ったことはありますか？

トモさん：少しわからなくなってしまったことがあるのですが……。運動会の練習後で、土で汚れた衣服を着替える時間でした。そのときに、Ａくんがなかなか着替え始めることができず、私は最初、着替えられるまで見守ろうと思っていました。しかし、次の活動の時間が迫ってきていて、何度声かけをしても着替えてくれず、もう着替えないと間に合わないと思い、「一緒に着替えよう」と声をかけて着替えの援助をしていました。その際に、保育者から「自分でできることは援助しないで声かけして、自分でできるようにしてね」とご指導いただきました。自分ではどうしようもない状況だと思って援助してしまったのですが、確かに言われてみればＡくんは5歳児で着替えも一人でできる年齢なので、私が援助することはＡくんのためにならないと思いました。でも、子どもとかかわる際にどのようなことは援助して、どこまで見守ればいいのかわからなくなってしまいました。

b保育者：そうですね。それは難しかったね。そのような場合には……。

ポイント❶　実習生の気持ちを受け止め、保育の意図を伝える

　実習生が「この対応でいいかな」と思って行う実践が、保育の意図に沿っていないことが見受けられることがあります。まずは、混乱しているトモさんの気持ちを受け止めましょう。なぜできなかったのかを検討する前に、それが実習生にとって難しいことであれば、実習生の気持ちに寄り添うことも大切です。その後、見守りをするということはどのようなことか、今回はなぜそのように保育者がトモさんに声をかけたのか、理由を説明しましょう。

　保育者から注意されたと受け止めてしまい、このようなことを質問できない実習生や、反省会のときには思いつかず、後で聞きたくても聞けず間違った解釈のまま終えてしまう実習生もいます。「こうしたほうがよい」と伝える場合には、なぜそのようにするのかという意図をそのつど伝えるようにしましょう。

第2章　実習指導の実際

実習5日目　2歳児クラス

　エピソード2-6　好き嫌いの対応、難しい……

＜反省会でのやりとり＞

トモさん：今日の昼食場面で食事の援助で悩んでしまった場面がありました。

c保育者：どんなこと？

トモさん：今日の昼食は五穀米で、Eちゃんは配膳された昼食を見て泣き出してしまいました。私は何で泣いているのかわからなかったので、Eちゃんに「どうしたの？」と聞きました。すると五穀米を指さして「いらない」と言いました。私はご飯がいらないのかと思い、少しでも食べてもらおうと必死になり、Eちゃんの口元に持っていってしまいました。先生からEちゃんは白米が好きで白米しか食べないこともあると聞きました。私はどのように対応すればよかったでしょうか？

c保育者：今日このクラスは初めてだったし、難しかったですね。無理矢理に五穀米を食べさせるようにするのではなく、まずは反応を見るようにしています。気持ちが切り替わって食べようとすることもあるので、その日の様子を見るようにしています。

トモさん：好き嫌いやこだわりもあるかと思いますが、将来的に食べられるようになるために、少しずつ食べてもらえるように援助したほうがよかったのでしょうか。私が声かけを工夫して食べたくなるように雰囲気づくりをするべきだったと思います。

c保育者：そうね。でも、今の時期に無理に食べられるようにしなくても、成長するにつれて自然と食べられるようになることもあるので、無理に食べさせなくても大丈夫ですよ。今回は白米を用意していただいて、白米と五穀米を少しずつ食べるようにしました。幼児へ向けて長期的な目標として取り組んでいけるといいですね。

トモさん：わかりました。焦って今すぐにするのではなく、子どもの様子に合わせて援助を考え、様子を見ながら行っていくことが大切なのですね。

ポイント❶　実習生の話に共感しながら子どもの理解について語り合う

　実習生が子どもをどのように理解しているのか、保育者と対話する場をもつようにしましょう。実習生と対話をする際には、実習生の子どもの理解に関して否定をするのではなく、認めながら保育者が行う保育の意図やかかわりの意図について助言します。実習生が一人ひとりの子どもについて理解を深めることができるように指導していきましょう。

エピソード2−7　指導実習（責任実習）で何をしよう？？？

＜5日目　実習後のやりとり＞

実習後、c保育者からトモさんは声をかけられました。

c保育者：指導実習（責任実習）では何をするかもう決めてある？

トモさん：いえ、まだ考えている途中です。

c保育者：それなら指導計画について説明するから、それを参考に考えてみましょう。

c保育者はトモさんに指導計画に関して説明をしました。

c保育者：今の子どもの姿に関してどんな姿が観察を通して見えてきましたか？

トモさん：子どもたちは外遊びが好きで、水を使った泥遊びや砂遊びが好きだと思います。あとは、一人ひとり差はありますが、いろいろなことができるようになってきている姿が見られました。自分でやってみようと取り組む姿が見られます。

c保育者：9月のねらいには「保育者や友達と一緒に全身を使ったあそびや戸外あそびを十分に楽しむ」ことを入れています。戸外遊びでは、子どもたちがさまざまなことを獲得できるように援助しています。今、子どもたちは食べ物にも興味が出てきました。月齢差による発達もふまえて個別指導計画も立てています。

トモさん：先生、その指導計画を見せていただくことはできますか？

c保育者：いいですよ。コピーしてお渡しすることはできないので、お貸ししますね。

ポイント❶　実習生に指導計画を提示し、これまでの保育の流れが理解できるようにする

　指導実習（責任実習）の実施には実習生が保育の過程を理解し、体験することができるように指導することが大切です。その際には、実習生に指導計画を提示しながらねらい等について解説し、これまでの保育の流れを理解できるようにしましょう。

　また、その計画の中で実習生が指導実習（責任実習）を行う前に、保育の一部に参画し、自ら実践してみるような経験ができるようにしてみましょう。その経験をもとに、自己の実践について振り返り、課題を見いだすことで、次の指導実習までに自分がどのような準備をすればいいのかが見えてきます。

ポイント❷　事前に十分に相談に応じ、準備の時間をしっかり確保できるようにする

　実習生にとっては実習をしながらの指導案立案になるので、担任保育者と事前の打ち合わせの時間をしっかりと確保し、実習生の相談に応じるようにしましょ

う。それに併せて準備の時間を確保することも心がけておくようにしましょう。

実習6日目　異年齢児

> **エピソード2-8　どのようにかかわればいいのだろう**
>
> ＜後日、反省会の中で＞
> トモさん：一昨日は土曜の異年齢児クラスでの実習でした。土曜日なので、子どもたちの数も通常より少なく、一人ひとりの子どもたちと深くかかわることができる時間でした。せっかくの機会だったのですが、私は気がつけば高年齢の子どもたちと多くかかわって遊んでいました。低年齢の子どもとなかなかかかわることができませんでした。特に、1歳の子どもとのかかわりがうまくできませんでした。実習初日やそれ以外でも1歳や2歳のクラスに入らせていただいたのですが、自分で思っているようには動くことができず、子どもたちへの援助や声かけもうまく伝わらなかったりしました。先生方のかかわり方も観察して同じようにしてみたのですが、あまりうまくいきませんでした。どのようにかかわればいいのでしょうか。
> d保育者：そうですね。実習生の多くが難しさを感じる部分でもありますね。低年齢の子どもとのかかわり方に関しては、トモさんが実践したように保育者のかかわり方をヒントに自分なりのかかわり方を探してみることも1つだと思います。保育者と同じように声かけをしてもダメなときもあります。保育者のかかわり方を参考にして、自分なりのかかわり方を探してみましょう。人見知りがあってなかなか実習生とかかわれない子どももいます。トモさんから積極的に子どもたちの中に入ってみましょう。

ポイント❶　実習生の悩みに寄り添い、適切な指示や助言を心がける

　実習生は実習中にどのように子どもとかかわればよいか、どのように保育に参加すればよいのか悩むことが多く見受けられます。そのような際には、実習生の悩みに寄り添い、相談に応じることが大切です。そうすることにより、実習生は悩みを解決することができ、その後の実習に取り組むことができます。そのまま実習を続けると、実習生は悩みをずっと抱えたままになってしまいます。ちょっとした悩みにはできるだけその場で答えます。今回のような場合には、当日の反省会や午睡の時間等を利用して、じっくり話ができることが望ましいです。

　また、実習日誌を活用して相談に応じることもできます。実習生の日々の記録にはそうした疑問点が記されているので、日誌も活用しながら対応していきます。

実習7日目　2歳児クラス

エピソード2-9　指導案についての相談

C保育者：トモさん、提出してくれた指導案について相談したいのですが、いいですか？

トモさん：はい。お願いします。

C保育者：今回『はらぺこあおむし』の絵本からあおむしの製作をしてみたいという計画を立ててもらいました。子どもたちが食べ物に興味をもちはじめていることから、『はらぺこあおむし』を取り上げるのはとてもよいですね。でも、できれば、あおむしの製作ではなく、体を使った遊びで何か考えることができるといいのですが。

トモさん：体を使った遊びですか？

C保育者：そう。この間お見せした9月の指導計画のねらいに「体を動かして遊ぶ楽しさを味わう」ことを入れています。製作も楽しそうですが、保育の連続性等もふまえてもう一度考えてみませんか。今の子どもたちの姿を見て、できそうなことや日誌の記録から子どもの姿を確認してみましょう。

トモさん：わかりました。もう一度考えてみます。

C保育者：そうですね。一緒に考えていきましょう。明日の指導実習（部分実習）のほうはどうですか？

ポイント❶　指導計画や実際の子どもの姿に即して助言・修正をしていく

　実習生なりに考えてきた指導案について受け止めつつ、クラスの指導計画や実際の子どもの姿を確認しながら助言・修正していくことが大切です。一人ひとりの子どもの実態を把握し、保育の連続性をふまえながら計画を立案する体験となるよう手助けします。また、実習生が考える予想される子どもの姿や子どもへの援助に関しても、足りない部分があれば「〜なときはどうしたらよいと思う？」と具体的に聞き、イメージできるようにしていきます。

実習訪問指導

✎ エピソード2-10　指導実習（責任実習）、どうしよう

＜トモさんの訪問指導でのやりとり＞

教　員：今日で実習7日目ですね。実習はどうですか？

トモさん：実習も折り返しに入って、少しずつ慣れてきたところです。子どもたちの名前を少しずつ覚えはじめたところです。子どもたちはとてもかわいくて、毎日大変ですが、子どもとかかわっていると楽しいです。

教　員：子どもたちとのかかわりが楽しくてよかったですね。体調はどうですか？

トモさん：日誌の記録や指導案の書き直し等で少し睡眠不足が続いていますが、何とかやっています。今は指導実習（責任実習）のことで頭がいっぱいです……。

教　員：体調には気をつけないとね。指導実習（責任実習）は、どのようなことを考えていますか？

トモさん：体を使った遊びがいいかと思って指導案を書いてみました。でも、難しすぎると担任の先生からアドバイスをいただきました。活動の部分がまだ決定していません。どこまで子どもたちができるかを考えてアレンジしてみようと思っています。

教　員：今日はお時間をありがとうございました。学生と話ができました。

保育者：よかったです。

教　員：学生からは子どもたちがかわいくて、体力的に厳しいときでも、かかわりは楽しいという話が出ました。指導実習（責任実習）の活動に関して悩んでいるようで、こちらからアドバイスをしましたが、先生方からも引き続きご指導をお願いします。

保育者：わかりました。今日の実習修了前にでも声をかけてみますね。

ポイント❶　実習生の様子を園と情報共有する

　養成校教員は、実習生の体調や実習での様子に加え、困ったことや悩んでいることを確認しています。実習生は、実習園の保育者には言い出せないことも養成校の教員には相談することがあります。その情報は園の保育者と共有しながら、実習生の指導に活かしていきます。指導の内容がずれないように、養成校の教員が訪問指導で実習生に指導した内容も必ず園の保育者に伝えるようにしています。お互いに情報共有を図り、実習生へ対応していくことが望ましいでしょう。

トモさんの実習指導案　指導実習（責任実習）

時間	主な活動・環境構成	予想される子どもの動き	実習生の援助と留意点
	省略	省略	省略
10：30	ホール [トンネル] 　　　[トンネル] [トンネル] 前 段ボールで土台を作り、絵を描いた紙を貼っておく。倒れないように後ろに支えを付けておく。 後ろ	・「あおむしさんになる」と言い、あおむしの動きをしようとする。 ・「えー」と言う子どももいる。 ・立ち上がって動こうとする子どもがいる。 保育者も手伝いますので、声をかけてください。 ・「りんごがある」「いちごだ」など段ボールの食べ物に興味を示す。 ・潜りたい子どもが「どれにしよう」と迷っている。 ・次々に潜っていこうとする子どもがいる。 ・なかなか潜れない子どももいる。 トモさん1人では難しい部分は保育者も一緒に行います。そのように記載してください。通常の保育と同様に連携して行いましょう。	・「今から皆であおむしさんになって遊んでみようか。あおむしさんは何を食べて大きくなったかな？」と声をかけながら、子どもたちが潜る食べ物のトンネルを用意する。 ・「皆があおむしさんになって、さっき見たみたいに食べ物を食べて蝶々になってみよう。食べたい食べ物の穴をたくさん通って大きくなろう」と声をかけ、トンネルを潜ってみせる。 ・「皆で潜ってみよう」と声をかけ、段ボールが倒れないように見て回る。 ・潜れずにいる子どもに「何の食べ物が好き？」と聞いて潜れるよう促す。 ・「いっぱい食べて大きなあおむしさんになろう」と声をかける。

ポイント❶　実習生と連携を取りながら保育を展開する

　指導実習（責任実習）というと、実習生が1人でその時間帯の保育を担い、展開していくことに大きな意味を置くことが多いと思われます。もちろん、実習生が1人で保育をしていくことも実習生にとっては重要な経験になり、学びの多い機会となるでしょう。しかし、その一方で、実習生が展開する保育を保育者も一緒に手伝いながら参加し、連携を取りながら保育を展開していくことも、チーム保育を学ぶうえでは重要な経験となります。

　指導案においても、実習生は1人で保育を行おうとするあまり、無理な時間設定や内容を入れて計画を立ててくることがあります。その際には、指導案の例のように、保育者も一緒に参加する旨を伝えましょう。

実習8日目　2歳児クラス

> ✎ **エピソード2-11　子どもたちを引きつけるって難しい**
>
> **＜トモさんの実習日誌より＞**
> 　今日は指導実習（部分実習）の時間をいただき、朝の会を私が保育者として実践しました。これまで先生方の朝の会を見ていたので、私も同じように朝の会を実施しようとしました。しかし、子どもたちに私が伝えたいことが伝わらなかったり、子どもたちの気持ちを引きつけて話をすることができませんでした。
> 　手遊びや絵本も実践してみましたが、うまくできなかったと思います。絵本には興味を示してくれましたが、私が絵本に集中できるような雰囲気や空間をつくることができないまま読みはじめてしまい、また、何度も「座ってね」や「しー」と気になる子どもたちに伝えることで、お話が途切れてしまうことが多々あり、集中できなかったのではないかと思う部分もあります。このクラスに入って3日目の朝だったので、子どもたちとの関係づくりがまだできていないことを痛感しました。子どもたちのことを理解し、もっと子どもたちの気持ちを引きつけられるようにしていきたいと思います。
>
> **＜保育者のコメント＞**
> 　今日の実習もお疲れさまでした。絵本の読み方、見せ方、読む場所等、今回の経験を通して気づき、学ぶことができましたね。集中して聞くことができていた子どももいました。自信をもってその経験を今度の指導実習（責任実習）でも活かしてほしいと思います。子どもたちを理解することで、どのような環境を設定し、準備しておくかということにも気がつけると思います。まずは子ども理解が大切になってきます。何かわからないことがあれば聞いてくださいね。

ポイント❶　指導実習（部分実習）における指導はその日のうちに行い、翌日以降に活かすようにする

　指導実習（部分実習）を行った際には、その日のうちに振り返りを行い、翌日以降の実習に活かすことができるようにします。特に、2回目の実習の場合には、このような指導実習（部分実習）をさまざまな場面で繰り返し実践していくことで、積み重なり、最終的に半日および1日の実習を考えて組み立てていくことができます。指導実習（部分実習）の経験は、複数回実習生が経験できるような場が提供されると実習生の成長につながっていきます。段階的に保育を実践できる体験と振り返る体験を組み込むことが望ましいです。

実習9日目 2歳児クラス

エピソード2-12　保育者間で協働する保育の体験

＜外遊びでの出来事＞

　トモさんとFちゃんが一緒にお花を探していると、Fちゃんが「何かいるよ」と言うので見てみると、草むらにコオロギがいました。トモさんが「コオロギさんがいたね」と声をかけると、「コオロギ？」とFちゃんは答えました。「そうだよ。朝の歌で歌ってるチンチロリンの歌のコオロギだよ」と言うと、「チンチロリンって鳴いてる？」と問いかけてきました。「鳴いてないね」と答えながら、保育室に戻り、一緒に図鑑でコオロギを見ました。

　その日、トモさんが保育者に「今日、Fちゃんと園庭でコオロギを見つけました。チンチロリンと鳴くところは聞けなかったのですが、一緒にコオロギを図鑑で確認しました。本当は鳴くところが聞けるといいのですが」と伝えました。翌日、保育者は朝の会でコオロギの歌を歌った後、「昨日、Fちゃんが園庭でコオロギを見つけたんだって。チンチロリンって鳴くところは聞けなかったんだ。今日、みんなでコオロギを探してみようか。Fちゃん、コオロギどこにいた？」と言って、コオロギをみんなで探すことにしました。Fちゃんはうれしそうに「ここにいたんだよ」と言って一緒に探していました。トモさんは自分が昨日、保育者に話したことが翌日の保育に活かされ、Fちゃんがうれしそうに見つけた場所を話す姿を笑顔で見つめていました。

ポイント❶　実習生の気づきを受け止め、保育に活かす

　実習生が保育中に気がついたことをそのままにするのではなく、保育者が受け止め、その気づきを保育の中に活かすことが大切となります。それは、実習生にとっても自分の気づきが保育に活かされるという体験を通して、喜びを感じたり、実習生の自信につながっていきます。また、その体験は保育者間の協働を実習生が経験するということにもなります。

ポイント❷　実習生を同僚性をもって受け入れる姿勢が重要

　ポイント❶を実施するためには、実習生を同僚性をもって保育者が受け入れることが大切となります。実習生を教える対象としてのみ受け入れるのではなく、保育を担う同僚として受け入れる姿勢をもつという意識が重要となります。

実習10日目　2歳児クラス

✏️ エピソード2-13　保育のやりがい・楽しさを感じた！

＜実習日誌の考察より＞

　今日は指導実習（責任実習）を行わせていただきました。実際に自分が行うことで、保育の難しさや一方でやりがいや楽しさを感じ、学ぶことができました。実際に自分が保育を担当するという実践においては、子どもたちがわかるような伝え方を心がけていましたが、子どもたちに意味が伝わらない部分もあり、子どもたちがわかる表現の難しさを感じました。また、反省会でもご指摘いただきましたが、子どもたちのことをしっかり見ているつもりでしたが、目が行き届かず、子どもたちのもめごとに対応できなかったので、c先生が代わりに対応してくださいました。もっと気をつけて子どもたちのことを見るようにしなければならないと思いました。

　また、思っていたよりも子どもたちが遊びを楽しんでくれて、終わりにしようと思っても、なかなか終わりにすることができませんでした。その際に、c先生が「お昼寝の後に、また遊ぼうね」と子どもたちの気持ちを汲み取ってくださいました。自分が立てた計画に忠実であろうとするばかりで、目の前の子どもたちの気持ちを汲み取り、とっさに計画を変更するということを思いつくことができませんでした。

　今回の指導実習（責任実習）を通して、1人で保育を担う難しさをとても強く感じるとともに、保育者同士で連携を取って保育を展開していくことの大切さを学ぶことができました。私の主活動中にも、先生方がたくさんサポートしてくださったおかげで活動がスムーズに進んだ場面もありました。日常の保育を行う中での連携の重要性を感じました。

＜保育者からのコメント＞

　実習お疲れさまでした。今日の活動では子どもたちもとても楽しそうでしたね。私も一緒に活動してとても楽しかったです。トモさんが一生懸命子どもたちのことを考えて立てた計画でしたので、子どもたちが喜んでくれてよかったですね。蝶々になりきる姿が一人ひとり個性豊かで、どの子もかわいかったですね。

　反省会でも改善点についてはお伝えしました。明日以降も実習は続きますので、今日の経験を活かしていってほしいと思います。今回は子どもたちの遊びたいという気持ちを尊重し、あのように対応しました。子どもたちの状況等に合わせて計画を変更することも可能です。

ポイント❶ 保育の楽しさ・喜びを感じられるようにする

　実習生が自分で子どもたちのために一生懸命考え、準備した遊びを、子どもと一緒に行って楽しかったと感じられる指導実習（責任実習）を目指しましょう。保育者もその場を共有し楽しさに共感することで、実習生は一層保育の楽しさを感じることができるでしょう。子どもたちのために計画し、行ったことを子どもが楽しんでくれるということは、保育の喜びでもあります。まずは、その喜びを実習生と味わうことが大切です。

ポイント❷ 当日に反省会を行い、翌日からの実習に活かすことができるようにする

　指導実習（責任実習）を見てくださった先生方と一緒に、その日のうちに反省会を行うことが望ましいです。翌日以降も実習の日程が残っている場合は、その日に経験した指導実習（責任実習）での学びを振り返ることで、その後の保育に実習生が学びを反映することができます。振り返りを通して課題を明確化し、取り組むことで、この実習の中で実習生は学びを深め、成長することができます。

実習11日目　2歳児クラス

エピソード2-14　子どもの発想ってすごい

＜実習生の日誌より＞

　今日は自由遊びの時間に子どもたちが「あおむしさんしたい」と言ってくれて、昨日の指導実習（責任実習）の遊びの続きをすることができました。昨日の反省を活かし、子どもたちの様子をよく見るように気をつけました。

　今日は食べ物のカードであおむしさんから蝶々になるごっこ遊びの後に、子どもたちが持っている食べ物カードと同じものを見つける遊びをはじめました。そこから、同じ食べ物を子どもたちが探して見つけるという遊びへ展開しました。同じカードを探している間に、私と同じ食べ物のカードがあるかどうかという遊びに変わっていきました。そこで、私は一度カードを床に並べなおし、私が出すカードと同じカードを探すという遊びへと変化させていきました。1枚も同じ絵を見つけられない子がいないように、複数枚床に並べました。子どもたちには1人1つということを伝え、カードを見つけてもらいました。最初は少人数でしたが、徐々に遊びに加わる子どもの人数が増えてきたので、安全に気をつけながら遊びました。昨日の遊びがこのように変化して違う遊びとなり、子どもたちが遊びはじめるという子どもの発想に驚かされました。

＜保育者のコメント＞

　昨日の経験が活きる実習となりましたね。子どもたちの遊びの変化に合わせて保育を展開できたことはとてもよかったと思います。最後のほうは子どもたちの人数が多くなってしまったので、グループを2つに分ける等の配慮があるともっとよかったと思います。子どもたちがけがをしないような方法を考えて対応することも必要となります。子どもたちは時々私たち大人が思いつかないような遊びを思いついて遊びはじめます。子どもの豊かな発想には驚かされることが私たちも多いです。そのような場合でも対応できるように、子ども一人ひとりをよく見ておくことが大切だと思います。

ポイント❶　実践後の評価を次に活かす体験の積み重ねを大切にする

　実践後に振り返り、評価したことを翌日の保育に活かしていくことにより、保育の体験が積み重なり連続性をもって学ぶことができるため、効果的な学びが期待されます。指導実習（責任実習）はそのような効果的な学びが可能となるように、最終日ではなく、それより前に実践することが望ましいです。

実習の振り返り（反省会）

トモさんの振り返りは以下の形で実施しました。
参加者：園長、主任、担任、実習生トモさん
日時：実習最終日の午睡の時間

（振り返りのポイント〜評価票を活用して〜）

❶ 大学の評価票の項目に基づき、トモさんが自己評価を行う

実習全体を振り返りながら、各項目について、自分ではどう思うのかについて話してもらいました。総合的な振り返りから、細かい項目に関しても簡単でいいので、自分で実習してみてどうだったかについて聞くようにしました。

❷ 保育者から評価票の項目に基づき、良かった点と今後の課題について伝える

トモさんの自己評価を受けて、同じ評価票の項目に基づき、クラス担任の保育者からトモさんの良かった点と、今後こうするともっと良いという点について話しました。指導実習（責任実習）に関しても、クラス担任からは既にコメントをもらっていますが、園長や主任からも指導実習（責任実習）へのコメントをもらう機会としました。

❸ トモさんが実習課題に基づき、学びを振り返る

園長から、実習課題についてはどのような学びが得られたのか確認をし、トモさんは実習課題1つずつについて自己の振り返りを話しました。実習の後半では2歳児クラスで継続的に実習しましたが、その中で特に力を入れて取り組んでみたことは何だったかについても確認しました。

❹ 今後伸ばしてほしいところと、成長するために必要なことを伝える

特に、今後保育者になるうえでトモさんに引き続き頑張ってほしいこと、そのまま伸ばしていってほしい点や改善点について話をしました。

❺ トモさんの自己評価を受けて、実習全体を通してのコメントを伝える

各保育者よりトモさんに「すてきな保育者になってほしい」という思いが伝えられ、引き続き頑張ってほしいという励ましがありました。

❻ 残りの実習時間はどのようなことに意識的に取り組むかを確認する

ここまでの振り返りをもとに、残りの実習をどのように過ごすのかについて、保育者とトモさんとの間で確認が行われました。

<評価票の書き方>

保育実習Ⅱ評価票

実習生	第　　　学年	学籍番号		氏名		
施設名称				施設長		印
				指導担当職員		印
実習期間	平成　　年　　月　　日（　　）～ 平成　　年　　月　　日（　　）（合計　　日間）					
勤務状況	出勤　　　　日	欠勤　　　　日	遅刻　　　　日	早退　　　　日	備考	

項目	評価の内容	評　価（該当するものをチェック）					所見
		非常に優れている	優れている	適切である	努力を要する	相当の努力を要する	
態度	基本的な実習態度（礼儀、挨拶、言葉遣い、服装等）	☐	■	☐	☐	☐	挨拶や言葉遣い等問題なかった
	意欲・積極性	☐	☐	☐	■	☐	積極性においてはもう少しほしかった
	責任感（時間・規則の遵守）	☐	■	☐	☐	☐	時間や期限は守られていた
	実習に対する目的意識	☐	☐	☐	■	☐	日々の実習に対しての目標をもう少し明確にもてると良かった
	協調性	☐	☐	■	☐	☐	保育者と連携を取ろうとしていた
	自己の健康管理	☐	■	☐	☐	☐	体調を崩さず実習できていた
知識技術判断	多様な保育所の機能の理解	☐	☐	■	☐	☐	概ね理解していたようである
	子どもの最善の利益を考慮し、人権に配慮した保育	☐	☐	■	☐	☐	子ども一人ひとりに丁寧に対応していた
	一人ひとりの子どもの発達の理解	☐	☐	☐	■	☐	それぞれの年齢の発達に関してもう少し理解が必要だと思われる
	一人ひとりの子どもへの対応	☐	☐	■	☐	☐	一人ひとりの子どもをよく見ようとする姿勢が見られた
	保育技術を活かした保育の展開	☐	☐	■	☐	☐	読み聞かせや手遊びだけではなく、乳児での保育技術も学ぶことができた
	指導計画立案と実施　ポイント❶	☐	☐	■	☐	☐	事前に考えて、子どもの様子を確認しながら立てていた
	保護者との多様な連携の理解	☐	☐	■	☐	☐	保護者への支援に関しては理解できていた
	地域社会との連携の理解（子育て支援も含む）	☐	☐	■	☐	☐	地域社会との連携について学ぶ機会が期間中になかったが、説明をした
	実習日誌の記録　ポイント❷	☐	☐	■	☐	☐	要点を押さえて書けていた
	職員のチームワークの理解と実践	☐	■	☐	☐	☐	他の職種との連携についても学んだ
	保育士の職業倫理（守秘義務等）の理解	☐	☐	■	☐	☐	守秘義務に関しては理解できていた
	自己課題の明確化	☐	■	☐	☐	☐	自分の課題を見つけ、取り組もうとしていた

総合所見	最初は緊張しているようでしたが、徐々に笑顔で子どもたちと接する姿が見られるようになりました。指導実習（責任実習）では子どもたちも楽しんで遊んでいました。不安そうな面持ちがよく見られましたが、自信をもって意欲的に取り組むと良い学びが得られると思います。	総合評価（該当するものに○）	実習生として （　　）非常に優れている （　　）優れている （　○　）適切である （　　）努力を要する （　　）相当の努力を要する

ポイント❶ 「保護者との多様な連携の理解」は保護者とのかかわりだけではない点に着目する

保護者支援や保護者と保育者等の連携に関しては、各園からの評価票に「学ぶことができなかった」と記載されて戻ってくることがあります。本項目は保護者と実習生が直接かかわることができなくても、朝夕の送迎場面の観察や園内の掲示や連絡帳のやりとり等を通して、直接的なかかわりではない部分での保護者支援に関して学ぶことができます。実習生にもそのような場面や園内の掲示、連絡帳等の意味や役割について解説することも大切となります。

ポイント❷ 直接的な行事等がなくても、普段行っている通常の活動の中での取り組みについて説明する

同じくこの項目に関しても園内で「学ぶことができなかった」とされ、評価されずに戻ってくることのある項目です。園庭開放や子育て相談等の場で家庭への支援や、子育て支援センターをもっている園は、子育て支援センターにも実習生が参加する機会をもつことが望ましいです。直接的な行事がなくても、日々の中で実習生が学ぶことができる機会があります。守秘義務やプライバシーに配慮しながら、学びの場を提供しましょう。

実習事後指導

トモさんの□□大学では、以下のような実習事後指導が実施されています。

❶ 自己評価

実習が終わり、大学に戻ってから実習評価票に基づいた形の自己評価票に自分で実習を振り返り、記入をします。「良かった・悪かった」という点だけに目を向けるのではなく、改善すべき点に関してはどのようにして改善していくのかについても考えます。

❷ 学びの共有

実習生がそれぞれの園で学んできたことを多くの学生間で共有できるように、グループワークを行います。どのような体験をしたのか、エピソードを記述し、学んだことを共有します。それぞれどのような園に行ったのか、またそこでの学びに関して話し、さまざまな園について知り、自分が学ぶことができなかったことについても知ることができます。

❸ 指導実習（責任実習）の学びの共有

指導実習（責任実習）に関しての学びを実習生間で共有します。成功・失敗ということではなく、活動の工夫や指導案を立てる際の情報、また実践してみてどうだったか、これもグループワークを通して学生同士で情報を共有し、学びを深めます。

❹ 自己の課題の明確化→今後の実習へつなげていく

自己評価から見えた自分の課題に関して、今後の学習の中でどのように活かしていくのかを検討していきます。次に実習が控えているのであれば、次の実習までに何を準備するのか、学んでおくのか等について考え、明確にします。

❺ 記録の書き方

実習日誌に教員が目を通し、個別的に指導が必要な学生に関しては、実習記録の書き方について確認し、指導します。次の実習までに記録の書き方について再度確認しておくことを重視しています。

❻ 振り返り面談

実習園からの評価に関して、学生とともに確認し、園からのコメントを伝えます。さらに伸ばしていくものと、今後改善していくものとを明確にします。

また、ボランティアやアルバイト等、今後も実習園とのつながりを大切にし、自分の保育の向上に努めるように伝えます。

アキトさん（実習生）の紹介

アキトさん（△△大学3年生）

<実習状況>
- 保育実習Ⅰは2年次の2月に今回の実習とは異なる保育園で実施している。
- 保育者になりたいという思いが強く、意欲のある学生である。
- 将来は認定こども園に就職したいと思っている。
- ゼミでは「遊びを通した保育」をテーマに取り組んでいる。
- 子育て支援についても関心が高い。

<実習内容>
保育実習Ⅱ
（2回目の保育園実習）
幼保連携型認定こども園
での実習

<実習時期>
9月上旬

<実習課題>
❶遊びを通した保育の実際について学ぶ。
❷保護者支援・地域子育て支援の実際について学ぶ。
❸3歳以上児の指導実習（責任実習）を体験し、学ぶ。

<実習計画>

	配属クラス	その他の予定		配属クラス	その他の予定
1日目	0歳児クラス		7日目	5歳児クラス	
2日目	2歳児クラス		8日目	5歳児クラス	指導実習（責任）
3日目	4歳児クラス		9日目	5歳児クラス	
4日目	子育て支援センター		10日目	5歳児クラス	指導実習（責任）
5日目	5歳児クラス	中間の振り返り	11日目	5歳児クラス	実習の振り返り
6日目	異年齢児		12日目	異年齢児	

学内事前指導

アキトさんの大学では、資格に必須の実習以外にも独自の実習プログラムが用意されています。ほかの実習生と同じように、保育実習Ⅱの事前学習として、保育実習指導Ⅱを履修し学んでいますが、ここではアキトさんが、本実習前までにどのような実習経験をしているのかを紹介します。

▶1年次

1年次は、幼稚園、保育園、障害児施設、児童養護施設での見学実習をしました。子どもの生活や保育者の仕事について、その実際を見て学ぶことが目的です。加えて、学内にある保育園の見学実習では、3日間園で過ごし、子どもとのふれあいを通して、基本的な子ども理解を深めます。

▶2年次

2年次になると、資格・免許取得のための実習が始まります。保育士資格のほかに幼稚園教諭の資格も取得できるので、保育園、施設のほかに幼稚園での実習があります。また、「家庭支援論」という科目では、学内にある子育てひろばで親子が遊ぶ様子を見学し、学ぶ機会を設けています。

1年次
幼稚園見学実習　5月　1日間
施設見学実習　8月　障害児施設　1日間　児童養護施設　1日間
学内保育園見学実習　9月～11月　3日間

2年次
幼稚園実習　11月　2週間
施設実習　1月　12日間
保育園実習　2月　12日間

2年次
「家庭支援論」
学内子育てひろばの見学

オリエンテーション

実習の2週間前、アキトさんの実習オリエンテーションを実施しました。明るく元気で実習にも意欲的な実習生という印象を受けましたが、責任実習への不安があるようです。そんなアキトさんのオリエンテーションでの指導の工夫を少し紹介します。

❶ 写真を用いた保育方針の説明

園の保育方針についてはしっかり理解してほしいと思い、日常、撮っておいた写真を見てもらいながら、本園が大事にしている「遊び保育」について説明をしました。子どもたちの写真を見せたこともあり、「これはどんな遊びですか？」「この遊具は？」など、アキトさんからはたくさんの質問があり、園の保育に興味をもったようでした。その後、子どもたちや保育の様子を見学してもらったことで、アキトさんの「早く子どもたちと遊びたい」という意欲につながりました。

❷ 指導計画の閲覧と説明

2回目の実習にあたり、アキトさんは指導実習（責任実習）に対して期待とともに大きな不安もあるようでした。そこで、アキトさんが指導実習（責任実習）を希望している5歳児クラスの年間指導計画と月の指導計画を見てもらい、子どもたちの興味・関心や保育のねらい・内容について具体的に説明しました。また、「子どもたちと一緒に遊びを楽しむつもりでやってみましょう。いつでも相談にのります」と伝えたことで、アキトさんも安心した様子でした。

❸ アキトさんの実習課題をふまえた実習計画の作成

アキトさんは、子育て支援について関心が高く、実習でもその実際を学びたいとオリエンテーションで確認することができました。アキトさんの思いを受け、園に併設している子育て支援センターで一日実習を行う計画を立てることにしました。

実習1日目　0歳児クラス

✏ エピソード3-1　何を学びたい？

　実習初日、アキトさんは少し緊張した様子ではありますが、「今日から実習よろしくお願いします」と元気に保育室に入ってきました。担任保育者a先生は、「あまり緊張していると子どもたちも緊張してしまいますから、もっとリラックスしてくださいね」と声をかけ、「今日の実習で学んでみたいことはどんなことですか」と実習のねらいを尋ねました。

　アキトさんは、「一日の生活リズムと、先生方の乳児への養護的なかかわりを中心に学びたいです。もしできたらオムツ交換や着替え、授乳などを実際にさせていただけたらうれしいです」と答えました。a先生は一日の流れを簡単に説明し、「ちょうどこれから、Sちゃんのオムツ交換をするところなので、まずは隣で見てください。後でアキトさんもしてみましょうね。SちゃんとKちゃんは人見知りをしないのでよいかもしれません」と言いました。そして、a先生は「まずは子どもとたくさん遊んで、子どもと仲良くなるところから始めましょう。仲良くなれたら、オムツ交換、授乳もしてみましょう。SちゃんとKちゃんは積み木を積んで遊ぶのが大好きですよ」とアキトさんに助言しました。アキトさんは、さっそく積み木をもってSちゃん、Kちゃんのところへ向かいました。

ポイント❶　実習のねらいを確認し、一日の実習内容を組み立てる

　アキトさんは養護的なかかわりを中心に学びたいという明確な実習のねらいをもっています。こうした実習生の意欲や主体性を大切に、一日の始まりには実習のねらいを確認し、実習生が学びたいと思っていることをできるだけ体験できるよう一日の実習内容を組み立てることが大切です。実習生が体験したいと思っていてもそれが難しい状況のときには、理由を説明し、代わりにできることを示すなどして実習のねらいを修正することも必要になります。

　残念ながら、実習生のねらいがあいまいだったり、ずれていることもときにはあるでしょう。そのようなときは、そのクラスでの学びのポイントを簡単に伝え、実習生が具体的な実習のねらいをもって一日の実習を始められるようにすることが大切です。

ポイント❷　見通しをもって実習に取り組めるようにする

　実習のねらいに合った一日の実習内容を組み立てたら、それを一日の保育のどこでどのように体験できるのか、実習生が見通しをもって取り組めるよう具体的に伝えます。アキトさんは、a保育者からまずはSちゃんのオムツ交換を見るところから始まり、あとで自分もSちゃんやKちゃんのオムツ交換を体験できること、そのためにはまず子どもとたくさん遊び関係を築いていくことが大切なことを教えてもらい、実習のねらいにあった一日の自分の取り組みを具体的にイメージすることができました。

> ✎ **エピソード3-2　なぜ看護師さんがいるの？（一日の振り返りで）**
>
> a保育者：「……子どもたちと午前中にたくさんかかわってくれたので、アキトさんにすっかり安心してオムツ交換もスムーズでしたね」
> アキトさん：「まずは子どもとたくさん遊ぶよう助言いただきましたが、その意味がよくわかりました。養護はただ技術があればよいのではなく、子どもと関係を築くことが大事なのだと……」
> a保育者：「ほんとうに大事なことに気づきましたね。特にこの時期の子どもとは私たちも一対一のかかわりを大事にしています……ほかに何か気づいたことはありますか」
> アキトさん：「保育士のほかに看護師の先生がいらっしゃることに気づきました。あとで気づいて注意していたのですが、保育士と看護師の役割の違いがよくわからないまま一日が終わってしまいました」
> a保育者：「<u>よいところに気づきましたね</u>」

ポイント❶　実習生の素朴な疑問を大切にする

　実習生の素朴な疑問は深い学びへの入り口です。どのようなことでも受け止めてくれると実習生が実感すれば、素朴な疑問を率直に話してくれるでしょう。看護師と保育士のそれぞれの専門性やその役割、連携について説明をしたり、「保健計画」や「保健だより」など看護師が実際に行っている業務がわかるような資料を示すことも重要です。

実習2日目 2歳児クラス

> ✏️ **エピソード3-3　甘えさせていいの？**
>
> b保育者：子どもたちとよくかかわっていましたね。着替えのときも、子どもが自分で着替えられるよう上手にかかわっていたのでよかったと思います。
> アキトさん：ありがとうございます。でも、着替えのとき、Tちゃんが甘えてきて。自分で着替えるよういろいろはたらきかけたのですが、自分で着替えてくれなくて困ってしまいました。
> b保育者：どうして困ってしまったの？
> アキトさん：前回の実習で、なんでも自分がやってあげてしまって。子どもが自分でできることは自分でするよう援助することが大事と学びました。
> b保育者：確かにそうですね。でもTちゃんがアキトさんに甘えたい気持ち、私わかるわ。Tちゃんが甘えてきたときアキトさんはどう思ったの？
> アキトさん：うれしかったです。かわいいと思いました。
> b保育者：それでいいと私は思います。アキトさんに甘えてみたい、このお兄さん、私を受け入れてくれるかな？　と思ったのかなと。そんなTちゃんをまずは受け止める。確かにTちゃんは自分で着替えられるのだけど、それよりもまずは甘えたい気持ちを受け止める。子どもとしっかり関係を築いて、保育ってそこから始まるのだと思います。

ポイント❶　実習生の困ったことに寄り添う

実習生が子どもとのかかわりで困ったという経験はとても大切です。実習生の困ったことに寄り添い、素直な気持ちを引き出していく中で、子どもや保育についての大事な気づきにたどり着くことができます。

ポイント❷　子どもや保育に対する思い・考えを語る

具体的な出来事に対し、保育者が子どもや保育に対する思い・考えを語ることで、実習生は保育者の子ども観や保育観にふれます。このことは、実習生の子ども観や保育観を形成していくうえでとても大切です。

エピソード3-4　お母さん、どうしたの？

　お母さんに抱かれ大泣きでWちゃんが部屋に入ってきました。アキトさんはその泣き声に少し驚いた表情を見せました。「おはようございます」とb先生が声をかけると、アキトさんも「おはようございます」と声をかけました。お母さんは泣いているWちゃんに少々手こずりながら朝の支度をします。b先生は「Wちゃんどうしたの？」と声をかけながらそばに行きました。「朝から機嫌が悪くて」とちょっとイライラしているお母さん。「それは大変でしたね。どうしたのかな」と準備を手伝います。「朝ご飯は食べましたか？」「バナナだけ」「ほかに何か変わりはありますか？」「ないです」とお母さんとやりとりをし、「そう、Wちゃんご機嫌斜めなのね。気をつけて見ていきますね」とお母さんにしがみつくWちゃんを受け取りました。Wちゃんは「ママ〜」とさらに大きな声で泣きます。「大丈夫です。行ってらっしゃい」と笑顔で見送りました。アキトさんも「行ってらっしゃい」と声をかけました。

ポイント❶　お母さんの気持ちを感じ取れるよう助言する

　後でアキトさんにどう感じたのか聞きます。「どうしたらよいのかとまどった」という感想に、「お母さんも同じ気持ちだったでしょうね」と気持ちを重ね合わせ、お母さんの気持ちを感じ取れるよう助言します。アキトさんが「おはようございます」「行ってらっしゃい」と声をかけたことを誉めることも大切です。

ポイント❷　朝の受け入れのポイントについて伝える

　お母さんは仕事が忙しく疲れていて心にも余裕がありません。支度を手伝い、挨拶と笑顔で送り出し、保護者が安心して出かけられるように配慮します。保護者支援には"信頼関係"が大きく影響します。「朝の受け入れ」は子どもの様子や連絡事項を聞くだけではなく、保護者との信頼関係をつくる大切な時間です。ていねいなかかわりが必要です。保護者の気持ちに寄り添いながら子どもを受け入れます。朝は保護者の時間に限りがあることもふまえ、子どもへの心配と焦りをやわらげる言葉かけに配慮しています。実習生にはそれらのポイントをとらえ、翌日から保育者のかかわり方を観察するようアドバイスをします。また、いつもと違う姿で受け入れた日は、降園時に子どもの様子をよりていねいに伝え、明日へとつなげることも付け加えます。

実習3日目　4歳児クラス

エピソード3-5　短時間保育と長時間保育？

　実習3日目、アキトさんははじめての幼児クラスでの実習になります。認定こども園での実習がはじめてのアキトさんは、「認定こども園での一日の生活の流れを学ぶ」ということが課題の一つになっています。

　夕方の反省会で、アキトさんと担任保育者とで、以下のような対話がありました。

アキトさん：短時間保育と長時間保育の子どもたちがそれぞれどのように生活しているのか、今日は見てみたいと思っていました。でも、その違いはあまりよくわかりませんでした。よくわからないというより、日中は短時間、長時間の子どもも同じように過ごしているので、どの子が短時間なのか長時間なのかわかりませんし、午後は気がついたら長時間の子どもが午睡に入り、短時間の子どもは降園していました……。

c保育者：よく気がつきましたね。私たちの園では、短時間、長時間に関係なく、どの子も一緒に保育しています。どの子にも就学前に必要な経験の保障、「幼児教育」の保障を大切にしています。気がついたら短時間の子どもが降園していたというように、午後の時間の移行も、子どもたちが自然な流れで生活できるように配慮しています。

アキトさん：そうですか。日中の子どもたちの活動の様子をもっとよく見てみたくなりました。「幼児教育」の保障という視点で、子どもたちの日中の活動の意味や活動を通しての育ちについて、明日はもっと考えながら実習してみます。

c保育者：それはいいですね。ぜひ、日中の過ごし方を「幼児教育」の視点で観察してみてください。それから、長時間保育の午後の時間は日中の保育とは違った意味をもたせ、配慮していることもあります。明日の実習でよく見てみてください。

アキトさん：はい。明日の課題にします。

ポイント❶　認定こども園の保育について説明する

　アキトさんは、認定こども園での実習を希望し、認定こども園の保育について学びたいという強い思いをもっています。短時間保育と長時間保育の子どもたちが存在する認定こども園で、子どもたちがどのように生活しているか学ぶという課題を立て、3日目の実習に取り組むことができました。しかし、短時間保育と長時間保育の子どもたちの園の生活をはじめて経験する中で、一日の実習でその

意味をすぐに理解することはなかなか難しいものです。ｃ保育者のように、アキトさんの感想から素朴な気づきを取り上げ、その意味を説明することで学びが深まります。

また、ｃ保育者は、アキトさんが大事な気づきだと認識していない気づきを「良い気づき」として取り上げました。このことは、アキトさん自身が自分の気づきを一つひとつ大切にていねいに考えることの必要性に気づくきっかけにもなることでしょう。

ポイント❷　今日の学びを翌日につなげ、明日の課題を明確にする

短時間保育と長時間保育の子どもたちを一緒に保育することについて、アキトさんに学んでほしいことはもっとあります。ｃ保育者がそのことを説明することはできるでしょう。しかし、ｃ保育者はあえてすべてを説明しませんでした。「……日中の子どもたちの活動の様子をもっとよく見てみたくなりました。「幼児教育」の保障という視点で……明日はもっと考えながら実習してみます」というアキトさんの意欲を受け止めるとともに、長時間保育の午後の時間の保育の配慮についても目を向けるように助言しています。

実習生に気づいてほしい、学んでほしいことはたくさんあります。しかし、一度に学ぶことは難しいものです。一日で学ばせよう、教えようとするのではなく、今日の学びを翌日へつなげ、段階を追って学べるようにしていきます。実習生の「もっと知りたい」という気持ちを引き出し、状況に応じて学ぶ視点を示しながら、明日の課題を明確にし、実習生が自ら学んでいけるよう指導することが大切です。

実習4日目　子育て支援センターでの実習

＜子育て支援センターで実習する意味＞

　保育園では保護者とのかかわりは送迎時が主で、"実際の親子のかかわりを見る"機会はあまりありません。子育て支援センター（以下、センター）では親子のかかわりを通して、子どもの姿、親子の思いや親の育児への不安・喜びを知ることができます。それは「親理解」と「保育の内容・質の向上」につながります。保育園とセンターの子ども各々の姿を見て、両方の価値や意味に気づきます。

＜実習内容＞

9：30〜10：00	センターの実習のねらいの確認・受け入れ準備
10：00〜15：00	オープン・スペースに来た子どもと遊びながら親同士の話を聞く、保育者と保護者のかかわりを見るなど
12：00〜13：00	（昼食・午前の振り返り）
15：00〜16：00	おやつ・振り返り
16：00〜17：00	掃除・翌日の準備

 エピソード3−6　初めての体験

　午後のオープン・スペースは0歳児の親子が遊びに来ます。Yさん親子が遊びに来ました。妊婦のときからセンターに来ています。ママが支度をする間、センターの保育者がMちゃんを抱きます。アキトさんに「2か月なのよ」と声をかけると、赤ちゃんをのぞき「ちっちゃい。かわいい〜」と顔がほころびました。アキトさんははじめて2か月の赤ちゃんを見たのです。保育者は「小さいね。まだ2か月だもの。かわいいね」と話し、支度を終えたママにMちゃんを渡しました。Yさん親子は他の親子の輪に入り、アキトさんもYさんの側に座りました。

　ママたちは赤ちゃんに声をかけ合い、子育ての話を始めました。ママたちの話を聞きながら、Mちゃんに笑いかけるアキトさん。保育者がYさんに「MちゃんをアキトさんにMちゃんをそっと抱かせてくれました。おそるおそる手を出し、<u>抱いたアキトさんは「うわ〜、かわいい」と声を上げ、「重たい」とつぶやきました。</u>そして、笑顔でMちゃんを見つめていました。8か月の赤ちゃんのママも「首がすわっていないと抱くの怖いのよね、もう忘れちゃったな〜」と笑っています。Yさんも「Mちゃんよかったね、お兄さんに抱っこしてもらえて」と笑顔でした。

ポイント❶ 低月齢児（2か月）を抱く

保育園の実習では、低月齢児を見る機会はほとんどありません。センターには妊婦のときから出会っているので、2か月前後の赤ちゃんから遊びに来ます。実際にその赤ちゃんを見て、抱く経験は、保育者としても、将来の親としてもとても貴重な経験となります。実習生に感想を聞き、命の尊さを共有しましょう。

ポイント❷ 親の赤ちゃんへ向ける愛情の深さを感じる

実習生は、親の我が子への言葉かけや表情から、愛情があふれていることを感じます。そして、ほかの赤ちゃんへも自然に声をかけ合い、「かわいいね」を共有していることを感じます。このような実感を伴う体験を大切にしましょう。

ポイント❸ 子育ての奮闘と親同士で解決する力

どの親も、子どもの成長していく姿やかかわりに悩みながら、向かい合いながら子育てをしていることを知ります。そして、いろいろな月齢の赤ちゃんがいることで、子育てのヒントが話の中から出てきます。振り返りでその場面をとらえ、子育てに毎日奮闘していることと親同士で解決し合っていることを伝えます。

＜子育て支援センターで実習する意味＞

- 親（ママたち）とのかかわりから"温かさ"を感じ、保護者対応への不安なイメージが減少します。
- 親の姿を知ることができます。子どもは、親に愛され育てられている、保育者はその大切な命を預かっているということを認識します。
- 親の葛藤や悩みを知り、保育を大事にする気持ちがもてます。
- 保護者に寄り添う大切さと保護者との対話を学びます。
- 自分の将来の子育てをイメージすることができ、大変さも含め子育てを理解します。
  ＊個人情報を耳にする機会も多いので「守秘義務」を確認しましょう。

実習5日目　5歳児クラス

エピソード3-7　バイキング形式の給食って？

　P園の給食は、子どもが自分で食べられる量を盛り付けるバイキング形式です。この日はスープが人気で、おかわりのために子どもたちが列をつくっていました。アキトさんはそのそばで子どもたちの様子を見ています。スープの残りはわずかですが、最初に並んでいたA君が列に並ぶ仲間の数を確認して、みんなにスープがいくようにと少しずつスープを分けることとなりました。そんな様子をアキトさんも見つめています。スープを分けている途中で、ほかの子どもが次々と列に並びはじめました。子どもの数が増えてしまったので、スープが最後の子どもにまでいきわたりませんでした。A君も困惑しています。アキトさんはどう対応してよいか、困ってしまいました。

　このことをアキトさんは、午後の反省会でd保育者に相談しました。d保育者は、「私だったらどうするかしら。難しいですね。でも、子どもたちが私たちの大切にしているバイキング形式の給食で仲間と分け合うという経験ができていることを知り、うれしくなりました。……"自分の食べる量を知る"とか、"自分の食べるものに関心をもつ"ことを大切にしたいという思いで、私たちの園ではバイキング形式の給食にしています。でも、仲間と食べ物を分け合うという経験もしているのですね。あらためてバイキング形式の給食の意味を考える機会になりました。

ポイント❶　自園で実施している「バイキング給食」の意味を説明する

　日常的な事柄は当たり前のこととして行っているため、その意味についてふだん意識することが少なくなってしまいます。実習生には何気ない日常の保育について、自園で大切にしていることを意識して伝えることが大切です。

ポイント❷　実習生の言葉からあらためて自園の保育について考える

　エピソードのように、実習生の存在があらためて自園の保育について考える機会を与えてくれたりもします。d保育者のように、実習生とともに自園の保育の良さや意味について考える姿勢が大切です。実習生もそのような保育者の姿から保育の意味について深く学んでいきます。

実習6日目 異年齢児

エピソード3-8　土曜日の保育

　実習6日目、3、4、5歳児の異年齢で過ごす土曜日の保育です。5歳児のMちゃんがめずらしく泣いています。そばには3歳児のNちゃんとKちゃんが楽しそうにブロックで遊んでいます。アキトさんは、Mちゃんのそばに行って「どうしたの？」と尋ねましたが、Mちゃんは黙って向こうへ行ってしまいました。Mちゃんのことが気になって様子を見ていたアキトさんでしたが、その後Mちゃんはe保育者と何か言葉を交わすと笑顔になって、5歳児のSちゃんたちと楽しそうに遊びはじめました。

　アキトさんはMちゃんのことが気になって、午後、e保育者に尋ねてみることにしました。e保育者は「アキトさんはどう思ったの？」と逆にアキトさんに尋ねました。アキトさんは「Mちゃんが泣いているのははじめて見たので、とても気になったのですが、ぼくが声をかけても理由を話してくれませんでした。話したくなかったのかな……」と言いました。e保育者は「なんで話したくなかったのかしら」と尋ねました。アキトさんはしばらく考え、「そういえば、近くにいた3歳の子たちがMちゃんが遊んでいたブロックで楽しそうに遊んでいました。Mちゃん、ブロックを取られてしまったのでしょうか」と言って、「e先生はMちゃんになんて言葉をかけたのですか」と尋ねました。

　e保育者は「今だったら、アキトさんはMちゃんにどんな言葉をかけますか」と尋ねました。アキトさんは「はい！　Mちゃん、えらかったねと言いたいです」

ポイント❶　実習生の話をゆっくり聞く

　実習生は保育のさまざまな場面で、「どうしてかな」と疑問に感じることがあります。そうした疑問こそ大切な学びの機会です。保育者が「あの場面は……」と解説してしまうことは簡単ですが、実習生が感じたことや考えたことをゆっくりと聞き出し、「どうしてかな」という疑問を実習生なりに考えられるように導きます。

ポイント❷　対話を通して実習生の省察を深める

　実習生と対話をする中で、実習生は子どもを理解したり、自分がどうかかわればよかったのかと考え、省察を深めていくことができます。

第2章 実習指導の実際

実習7日目　5歳児クラス

✏️ エピソード3-9　H君とうまくかかわれない

アキトさんはどの子どもとも楽しく遊ぶことができ、子どもたちにとても人気がありますが、「H君とはうまく遊べない」と悩んでいます。アキトさんがほかの子どもたちと遊んでいると、H君がたたいたり、蹴ったりしてきます。担任のd保育者が「それは困りましたね。それでアキトさんはどうしているのですか」と聞いてみると、「きっと、僕と遊びたいからだと思うので受け止めるようにしています……。でも、ほかの子どもたちとも遊びたいので、しばらくしてほかの子どもたちと遊びだすと、また、たたいたり蹴ったりの繰り返しなんです」と、困り果てています。

そこで、d保育者は「アキトさんはH君の気持ちをよく理解していますね」と受け止め、「H君はアキトさんの気持ちを理解しているかしら。アキトさんはどんな気持ちなの」と聞きました。アキトさんは「H君にたたかれると痛いし、嫌な気持ちです。それから、H君のことは大好きだけど、ほかの子どもたちも大好きだし、みんなと遊びたいです」と言いました。d保育者は「そのことをH君にしっかりと伝えることが大事じゃないかしら。そのうえで、H君との時間も大切にしてあげてほしいわ」と伝えました。

その後、アキトさんの日誌には、「H君を前よりももっと好きになりました。子どもを理解することは、自分を理解してもらうこと、相互の理解が大切であることをH君から学びました」と記されていました。

ポイント❶　子どもとの関係で悩む体験を大切にする

子どもとの関係構築は保育者になるうえでとても大切な力です。実習では、子どもとのかかわり体験がとても大切になります。実習生には、まずは子どもとかかわることの楽しさをできるだけたくさん経験してほしいと思います。一方で、エピソードのように子どもとのかかわりの難しさに直面することもあります。

こうした実習生の体験を大切にし、対話を通して実習生の悩みに寄り添い、子どもと真剣に向き合えるよう助言します。子ども一人ひとりとのかかわりの中で実習生が感じていること、考えていることを対話の中で引き出し、もう一歩踏み込んだ子どもとのかかわりを体験できるようにするとよいでしょう。

実習8日目 5歳児クラス

エピソード3−10　指導実習（責任実習）でどんなことしたい？

　実習8日目、明後日に行う指導実習（責任実習）でどんな保育を展開するか、実習生なりに考えてきてもらったことを聞いてみました。「明後日は、どんな保育をしたいと考えてきましたか？」と声をかけると、「この5歳児クラスの子どもたちは、製作コーナーで物を作ることが大好きなので、紙皿を使った製作をやろうと思っています。紙皿2枚でビニール袋をはさみ、ストローで空気を入れて膨らまします。卵から生まれてくるイメージで、いろいろな顔などをビニール袋に描いたら面白いかなと思って、子どもたちみんなと作りたいと考えました」と答えました。d保育者は、「アキトさんは、子どもたちが製作に興味・関心を抱き、毎日さまざまなものを持続して作っているところを見て、製作活動を取り入れたいと思ったのですね。では、その活動は、全員の子どもたちに経験してほしいですか？　それとも、製作コーナーで興味・関心をもった子に経験してほしいですか？」と活動をどのように展開したいかを問いかけました。「イメージの広がりのきっかけにしてほしいと考えているので、いっせいにやるのではなく、製作コーナーで作りはじめようと思います」ということで、その活動のねらいを明確にすることができ、指導案を作成していきました。

ポイント❶　子どもの遊びの状況を理解し、その活動のねらいをもとに展開方法を考えていく

　アキトさんは、今の5歳児の姿として、さまざまな素材を組み合わせて物を作ることに興味・関心が向いていることを理解し、製作活動を取り入れたいと考えたようです。それも、ストローで膨らませると形が変化するという、5歳児が興味を示すような内容でした。実習生が保育内容を考える楽しさを実感できるように、考えてきたことを認めることが必要となります。しかし、その活動の展開方法は、一斉活動になりがちです。その活動のねらいが何なのかを明確にし、全員が経験する必要のあることか、それとも興味・関心のある子に経験してほしいことなのかで、展開方法を考える必要があることも理解できるように話す必要があります。

第2章 実習指導の実際

アキトさんの実習指導案　指導実習（責任実習）

赤字は実習生の加筆、吹出は保育者の添削コメント

Part I 理論編

Part II 実践編

9月12日（木）　9：00〜16：00	○○○組（5歳児）男児12名　女児15名　計27名
担任：○○○○先生、○○○○先生	実習生：○○○○

現在の子どもの姿	ねらい	・集団で遊ぶ楽しさを味わう。 ・さまざまな素材を用いて作ることを通してイメージを広げる。

現在の子どもの姿
　時間になると自ら片づけをしたり、給食の準備をするなど、主体的に生活する姿がある。飼育物の世話、午睡の布団敷きなど、それぞれの役割を自信と責任をもって行っている。戸外ではドロケイやサッカーなど集団での遊びを楽しんでいる。製作コーナーで物を作ることが好きな子どもが多く、毎日のようにさまざまな素材を組み合わせて思い思いのものを作って遊ぶ姿がある。作ったものを友達と見せ合ったり、作ったものをごっこ遊びに取り入れたりしている。

ねらい
・集団で遊ぶ楽しさを味わう。
・さまざまな素材を用いて作ることを通してイメージを広げる。

内容
・友達と誘い合い、体を動かして遊ぶ。
・さまざまな素材を組み合わせて作ることを楽しむ。

用意するもの
＜紙皿たまご製作？の材料＞
完成品5種　紙皿（人数分×2枚＋予備30枚）
ビニール袋、ストロー　各人数分＋予備20本
8色マジック4セット、セロテープ台2台

＞ いくつも作りたくなる子どもがいるかもしれません。予備を多めに用意するとよいでしょう。

時間	環境構成	予想される子どもの姿	援助の留意点
	（略）	（略）	（略）
10：00	保育室 ●製作 ままごと ・製作コーナーに、紙皿たまご製作の材料を用意する。 ・紙皿たまごの完成品をテーブルに置く（5種類） 紙皿　ビニール袋 ストロー　マジック ☆上図のように材料は箱に入れて取りやすいようにする。 ＜作り方＞ ①ビニール袋にマジックで絵を描く。 ②ビニール袋の口にストローをさし、テープでとめる。 ③ビニール袋を紙皿2枚で挟みこみ、紙皿2枚をテープでとめる。（詳細は別紙） （略）	○自由な遊びを楽しむ ・園庭で友達と誘い合い、ドロケイやサッカーをして遊ぶ。 ・トラブルが起きても自分たちで話し合い解決しようとする。 ・保育室では、ごっこ遊びを楽しんだり、さまざまな素材を使って作って遊ぶ。 ・製作コーナーに用意された紙皿たまご製作の材料を見て興味をもつ子どもがいる。 ・紙皿たまごを膨らませて遊ぶ。たまごからいろいろなものが生まれてくる様子を楽しむ。 ・「作りたい」と言う。 ・ビニール袋に思い思いの絵を描く。早く描き終える子、ゆっくり描く子がいる。 ・ストローや紙皿をどのようにテープでとめるか、わからない子どもがいる。 ・実習生や友達に聞きながら、たまごを完成させる。 ・「もう1つ作る」という子がいる。 （略）	＊保育者1は園庭に出て遊びの様子を見守り、集団遊びを楽しめるよう必要に応じて援助する。 ・実習生は保育室で、製作コーナーで保育室全体を把握し、遊びの援助をする。 ＊保育者2は製作以外の遊びの援助をしたり、必要に応じて製作コーナーの補助をする。 ・作り方を説明する。 →・紙皿たまごを膨らませて遊び方を知らせる。 ・作りたい気持ちが高まってきたところで、作り方を説明する。 ・一人ひとりのペースでじっくりとりくめるよう配慮する。 ・子ども一人ひとりのイメージを大切に受け止めるようにする。 ・一人では難しいところのみ援助するようにする。←自分で作ることの喜びを感じられるよう ・友達同士で教え合い、助け合って作れるよう声をかけていく。 （略）

子どもたちの興味をよくとらえていますね。この姿をねらいにつなげてみましょう。

材料はどのように置きますか。

説明の前に興味を高める働きかけを考えてみましょう。

なぜそのような援助をするのか？その意図を明確にすることが大切です。

・実習生の援助　＊担任保育者との連携

129

ポイント❶ 「よく書けている」ところを見つけて褒める

実際の保育の計画を立案することにまだ慣れていない実習生は、「これでよいのか？」不安でいっぱいです。指導案の指導は、良いものにしようと思うばかりに、修正点ばかりをコメントしがちです。「ここはよく書けている」と、良いところを認め、「他のところもこんなふうに書いてみましょう」と良いところを確認しながら、その良さを発揮できるように導きます。

ポイント❷ 子どもの具体的な姿をイメージできるよう助言する

実習生なりに子どもの姿を一生懸命考えていますが、経験の少ない中では十分にイメージできません。例えば、「１つではなく、２つ作りたくなる子どももきっといると思うわ」と、具体的な姿をイメージできるようアドバイスします。それによって、活動の展開や援助、用意する材料の数も適切に考えられます。

ポイント❸ 環境構成を具体的に考えられるよう助言する

活動を行うために必要な材料や用具について考えることはできても、それをどのように置くか、どのように子どもに提供するかについてまで思いをめぐらすことができていないことは、実習生によくあることです。「どのように置きますか」と投げかけて、何を考えておかなければならないかを示していきます。

ポイント❹ どのように保育を進めるか具体的にイメージできるよう助言する

保育をどう進めていくかというイメージも、やはり実習生一人の力では難しいと思います。この場合、一斉的に活動を進めるのではなく、興味をもった子どもが活動に参加できるように進めていくので、子どもが自らやってみたくなるような働きかけを実習生自身が考えていけるよう助言します。実習生と対話しながら一緒に考えていくようにするとよいでしょう。

ポイント❺ 援助の意図・留意点を実習生が考えられるようにする

どのように援助するか具体的な実習生の言葉や動きは詳細に考え、記入されているのに、なぜその援助をするのか、その援助をするうえで留意することは何か、援助の意図や留意点が記入されていないことがよくあります。細かな言葉や動きよりも、この援助の意図や留意点を考えられるように導きます。

実習9日目 5歳児クラス

エピソード3-11　指導実習（責任実習）が不安

　午睡の時間、翌日の指導実習（責任実習）の確認と準備をすることになりました。指導案を見ながらアキトさんと一緒に確認します。

アキトさん：製作活動を子どもたちが楽しんでくれるか、心配です。

d保育者：楽しそうな活動だからきっと大丈夫。ただ、活動の楽しさをどう伝えるかが大事ね。

アキトさん：こちらが楽しそうに遊んでいると、子どもたちは自然と集まってきます。自分が楽しく遊んで見せればいいんですね！

d保育者：そうね。アキトさん自身も大切な環境の一部です。楽しくやって見せることが大事ですね。子どもたちからよく見える位置に座ることも大切ですよ。失敗を気にせずいつものように楽しみましょう。それから、紙皿やビニール袋など材料はどのように置きますか。指導案には製作コーナーの机の上に置くと書いてありますね。

アキトさん：置き場所は考えていたのですが、どう置くかまでは……先生方がいつもされているように、材料ごとに箱に入れて子どもが自分で取り出しやすいように置いておきたいです。

d保育者：よく気づきましたね。それでは、これから材料や道具を置く箱を用意しましょう。

ポイント❶　不安を受け止める

　準備を進めてきても、実習生は不安をかかえています。実習生がリラックスできるよう不安を受け止め、「大丈夫」「失敗を気にしないで」と声をかけるなどの配慮があることで、実習生も前向きに指導実習に取り組めます。

ポイント❷　事前確認と準備の時間をとる

　また、指導実習直前には、指導案を一緒に確認しながらシミュレーションし、最終確認をします。子どもたちの姿を思い浮かべながら、楽しい雰囲気で行うとよいでしょう。不足のことがあれば、具体的にアドバイスし、翌日までに可能な範囲で準備を促します。できれば、午睡の時間などに必要な材料や道具、教材など、事前準備の時間をとることも大切です。

> **実習10日目**　5歳児クラス

> **エピソード3-12　指導実習（責任実習）当日、うまくいかない……**
>
> 　アキトさんが考えてきた紙皿の製作をはじめると、興味を示した子どもたちが「作りたい」と言って集まってきました。やがて、作り方を教えることに必死になっていると、ほかのコーナーの遊びが崩れてきました。d保育者は、ままごとコーナーに入り、落ちているものを拾ったり、場を整え、遊びが継続できるようにかかわりました。
> 　その日の夕方、アキトさんとの振り返りをしました。
> d保育者：紙皿の製作、たくさんの子が興味を示して作っていましたね。
> アキトさん：たくさんの子が来てくれたのはよかったのですが、最後のほうは、ビニール袋にストローを付けて膨らますことだけをやっていて、紙皿を使って卵のようにしなくなっていました。あと、製作コーナー以外の遊びに全然かかわれませんでした。
> d保育者：そうでしたね。子どもたちは、ビニール袋が膨らむことに楽しさを感じていたようでした。それを使って、びっくり箱のようなものを作っていた子もいましたね。<u>アキトさんは、紙皿で何かを作ってほしい気持ちが強かったようです。子どもがどんなことに楽しさを感じているかを観察することができると、もっとよかったと思います。</u>明日は、びっくり箱の遊びの展開を期待してみましょう。

ポイント❶　実習生の良かった点を伝え、保育の楽しさを知る

　指導実習（責任実習）では、やって良かったという成功体験を通して、保育の楽しさを感じてほしいですね。アキトさんが考えた、紙皿を使った製作活動は、ビニール袋のしぼんだものが膨らむことに面白さを感じたようです。そして、アキトさんの期待していた卵のイメージではなく、びっくり箱という遊びへと変化していきました。予想と違うことが起きることも保育の楽しさと感じられるよう助言します。d保育者は、明日の保育に必要な環境は何かをアキトさんと一緒に考え、明日もアキトさんに製作コーナーを担当してもらうようにしました。

ポイント❷　子どもの姿を伝えながら、改善点を考えられるようにする

　製作コーナー以外の遊びの把握ができなかったことに対して、責めるのではなく、そのとき、子どもの遊びがどのような状況で崩れていったのか、d保育者がどうサポートしたかを話すことで、援助方法を学ぶことができると思います。

実習11日目　5歳児クラス

✎ エピソード3-13　びっくり箱、面白い！

　アキトさんは、昨日に引き続き、製作コーナーに座っていますが、表情がとてもよく、子どもが登園してくると「おはよう」と子どもたちに笑顔で声をかけていました。そこでは、BくんとFくんが「びっくり箱作ろうぜ」と言いながら、箱を使って作りはじめました。

　アキトさんが準備したビニール袋とストローを使って作りはじめると、「もっと大きいのを作りたい」と言いはじめ、アキトさんに「もっと大きい袋、ちょうだい」と言ってきました。アキトさんも「わかった。大きい袋ね。今出すね」と子どもたちに答えていました。

　<u>d保育者と昨日ある程度予想しておいた素材の中から、大きい袋を出して、びっくり箱作りを展開するアキトさんでした。</u>

ポイント❶　遊びの連続性を体験する

　指導実習（責任実習）を終えたアキトさんは、緊張もほぐれ、指導案を立て、それをもとに保育を行った体験を通して、保育という仕事の楽しさを感じたようでした。この日は、昨日の振り返りをもとに、遊びが継続していくことを体験できました。d保育者が、今の5歳児の育ちをもとに援助を考え、素材を準備するなど、アキトさんと一緒に進めたことで、より実感しやすかったのだと思います。そして、実際に子どもがその素材を必要としたことで、予測をたてる大切さも感じたことと思います。このように、実習生と一緒に考え、実際に体験できることが、子ども理解につながるのではないかと考えます。

実習の振り返り（反省会）

エピソード3-14　子どもの遊びっておもしろい！　もっと学ぼう

　主任保育者が、「今回の実習はどうでしたか」とアキトさんに感想を求めると、アキトさんは、「○○ができなかった」「もっと○○すればよかった」と多くの反省を述べはじめました。そこで、「反省はもちろん大事ですが、自分の良かったことをまずはあげてみてください」と言いました。

　すると、アキトさんはしばらく考えて、「難しいです。できなかったことはたくさんあるのですが、良いところが出てきません」と困ってしまいました。d保育者が「そうですか？　アキトさんは、子どもたちと一緒の気持ちになって遊ぶところが素敵ですよ」と言いました。b保育者も「そうですね。アキトさんと一緒にいると子どもたちもとても楽しいみたい。思い切り一緒に遊びを楽しんでくれるから」と言いました。

　アキトさんは、「自分の良いところをあまり考えたことがありませんでした。先生方に良いところを認めてもらえてとてもうれしく思いました」と素直に受け止めました。主任保育者は、「そうですね。さっきアキトさんが子どもと遊ぶことが楽しくて、周りが見えなくなってしまう、と言っていた反省点は、アキトさんの良いところでもあるのですね」とアキトさんに確認しました。加えて主任保育者は、「子どもたちにとって遊びは、どんな意味があると思いましたか」とアキトさんに尋ねました。アキトさんは、「遊びの中で多くのことを学んでいると思います。これからもっと子ども一人ひとりの遊びの様子をとらえ、その意味をじっくり考えてみようと思います」と述べました。

ポイント❶　実習生の良さを具体的に示す

　自分の良さをとらえることに慣れていない実習生は多いものです。実習生の良さを具体的に述べることで、実習生が自分の良さを認め、良さを伸ばせるような振り返りになるとよいでしょう。

ポイント❷　実習生が取り組みたくなる課題を明確にする

　反省点をあげることよりも、「もっと学びたい、もっと考えたい、もっとやってみたい」と、実習生が取り組みたくなるような課題を導き出せる手助けが大切です。

＜アキトさんの実習評価＞

保育実習Ⅱ（保育所）評価票

△△大学

実習生	第3学年	学籍番号 △△△△△△		氏名	△　△　△　△
施設名称	○○○こども園				
実習期間	平成 ○年 ○月 ○日（○） ～ 平成 ○年 ○月 ○日（○） （合計○日間）				
勤務状況	出勤　　　日　　欠勤　　　日　　遅刻　　　日　　早退　　　日　　備考：				

項目	評価の内容	優れている	適切である	努力を要する	多くの努力を要する	所見
態度	基本的な実習態度（礼儀、挨拶、言葉遣い、服装等）	⊕				礼儀正しく、明るい挨拶がよかった。子どもへの言葉が友達のようになってしまうことがあった。今後、気をつけるとよい。
	実習に対する目的意識と意欲	⊕				毎日、具体的な実習の課題を立てて取り組むことができた。課題に対する質問もあり、意欲的に学べた。
	協調性	⊕				職員の動きやその意味を考えながら協調して動くことができた。自ら役割を見つけて果たしていた。
知識技能判断	保育所保育の理解と実践		⊕			養護の実践について理解することができた。教育についても養護との一体性の観点から学んでいけるとよい。
	子ども一人ひとりの理解と援助	⊕				子どもとよく遊び、子ども一人ひとりの理解に努めていた。子どもと真剣に向き合い、自身を知り、かかわりを考えることができた。
	実習日誌の記録と省察		⊕			前半は何を書いてよいか戸惑い、記録の内容が薄かったが、中盤より生き生きとしたエピソード記録が書けるようになった。
	指導計画の立案と実践		⊕			子どもの様子をよく観察し、楽しく取り組めそうな活動を考え、準備から展開までを実践できた。遊びの連続性についても学べた。
	職員間の協働の理解と実践	⊕				保育士等のチームワークについてよく観察し学んでいた。また、自らもチームの一員になって動くことができた。
	特別な配慮・支援を要する子どもの保育実践の理解			⊕		支援を要する子どもとも楽しく遊ぶことができたが、具体的な保育者の配慮や援助について学ぶ視点が薄かった。今後の課題である。
	保護者支援・地域の子育て支援の理解	⊕				保護者の子ども・子育てへの思いにふれ、理解を深めた。保護者支援の実際についてよく学んでいた。
	保育士の役割と倫理観		⊕			保育者の姿をよく観察し、よいところを自らに取り入れ動くことができた。子どもの最善の利益、守秘義務についてよく学べた。
	総合評価	⊕				

総合所見	毎日、実習課題をもって意欲的に実習に取り組むことができました。子ども、職員、保護者、誰に対しても明るく、素直で気持ちのよいかかわりが自然とできるところがアキトさんのすばらしいところであり、保育者としての資質を感じました。このことをもっとアキトさん自身が自覚され、保育の中で活かしていけるとよいでしょう。子どもたちとも毎日楽しく遊べ、慕われていました。また、楽しく遊ぶだけでなく、子どもとのかかわりについて毎日の振り返りの中で省察を深めることもできました。後半の実習日誌では、エピソード記述、省察の記録が生き生きと書けるようになりました。今後の実習でも引き続き学んでください。 　指導実習（責任実習）では、子どもたちの日々の遊びの様子をよく理解し、楽しい活動の提案と子どもの主体的な保育の展開ができたと思います。何より、アキトさんが楽しく遊ぶので、子どもたちは引き込まれていました。翌日も、その遊びが展開され、遊びの連続性、保育の連続性をも学ぶことができました。子どもたちが遊びの中で経験していること、その経験がどのような育ちへとつながっていくか学ぶことが次の課題です。保護者支援・子育て支援についても、保護者の姿をよく観察し、言葉に耳を傾け、保護者の子どもや子育てへの思いにふれることができました。さらに学びを深めてください。

ポイント❶　実習生としての評価をつける

　評価項目だけを見ていると、実際の保育者でも難しいと感じるような内容があります。しかし、実習の評価は完成された保育者としての評価をつけるのではなく、養成段階の実習生としての評価をつけます。項目だけではどのように評価したらよいのかわからないこともありますが、養成校によっては評価の観点を具体的に定めて、資料として作成している場合もあります。もし、そのような資料がなく、また評価項目の理解が難しい場合には、養成校に連絡して確認します。

ポイント❷　実習生の良さを具体的にコメントする

　実習評価は、実習生が自らの良さを見出し、さらにその良さを伸ばしていくことに意義があります。ですから、実習評価のコメントは実習生の良いところを具体的に記述することが大切になります。どんなに小さなことでもよいので、実習生の良かった点を具体的に記述し、実習生が自身の良さを具体的に認識できるようにします。

ポイント❸　課題が明確になるようなコメントをする

　これから保育者になるために実習生は多くの課題があります。ただ「がんばった」「よかった」だけで終わる実習ではなく、実習生が自身の課題を明確にできるようなコメントをすることも大切です。課題は抽象的なものではなく、具体的であると、実習生がこれから何に取り組んでいけばよいかがわかり、活かされる評価となるでしょう。

実習事後指導

　実習後、アキトさんは大学で実習体験の振り返りを行いました。事後学習では、実習評価票に基づく自己評価と園評価から自身の良さと課題を見いだします。加えて、「子ども」「保育者」「環境」の3つの視点から仲間とともに学びを深めていきます。

　「保育者」をテーマに行った実習の振り返りのグループワークを紹介します。

> **＜グループワーク＞**
> ❶実習で出会った保育者の姿から、「全国保育士会倫理綱領」の8つの項目について具体的な事例を付せんに書き出します。
> ❷4、5名のグループになり、それぞれが書き出した付せんを1枚1枚確認しながら、模造紙に置いていきます。
> ❸すべての付せんについて分類整理します。
> ❹分類された付せんのかたまりにタイトルをつけ、付せんのかたまり同士の関連性についても話し合い、構造化していきます。
> ❺それぞれのグループで作成した保育者の姿についてまとめられた模造紙の図をクラスの仲間に発表します。
>
> 　アキトさんは、クラスの仲間と「保育者」について上記のようなグループワークを通して、保育者として自分自身がどうありたいかを考えることができました。実習で出会った保育者の姿や仲間が出会った保育者の姿を通して、「子どもの最善の利益」を常に考えることのできる保育者像が具体的にイメージでき、目標となりました。

Q1 子どものことを見ているだけで立ち尽くしている実習生がいます。もっと自分から子どもとかかわってほしいと思うのですが、どのように指導したらよいですか？

A1 このような実習生を見ると、「やる気がないのかな」と心配になってしまいますね。せっかくの実習ですから、子どもとのかかわりをたくさんもち学んでほしいと願うのは当然のことです。しかし、子どもと「かかわらない」実習生にも理由があるかもしれません。理由がわかれば、対応も見えてきます。

❶緊張や不安が強い場合

実習生は私たちが思う以上に緊張しているものです。そんな時、「緊張しなくても大丈夫よ」「わからないことはなんでも聞いてね」というあたたかな保育者の言葉やまなざし、雰囲気が実習生の緊張を和らげます。また、「がんばってるわね」「○○がよかった」と、保育者から認められ、褒められることで、自信がもて不安がなくなります。保育者の言葉一つで、緊張や不安が緩和され、子どもとのかかわりも少しずつもてるようになるでしょう。

❷どうかかわってよいかわからない場合

近年では子どもとのかかわり経験がほとんどない、あるいは少ない実習生も多くいます。そのような実習生が子どもとどのようにかかわってよいかわからず立ち尽くしてしまうことは、当然かもしれません。内心では「かかわりたい」と思っているのにどうしてよいかわからないという実習生に、「もっと積極的にかかわってね」という言葉は苦しいものです。このような実習生には、かかわりのきっかけとして「○○ちゃんに絵本を読んであげて」「○○ちゃんの着替えを手伝って」など、具体的にどうしたらよいかを示してあげるとよいでしょう。実習生と一緒に動きながら、どのようにかかわればよいかを見せていくこともよいでしょう。

❸子どもの行動をよく観察し学んでいる場合

実習生の中にはただ立ち尽くしているように見えて、子どもをよく観察し学んでいることがあります。そのような姿を受け止め、認めることが大切です。しかし、観察しているだけではわからないことがあるということにも気づいてほしいものです。子どもとかかわるからこそ感じられる子どもの思いや子どもとかかわることで生まれる自分の心の動き、そうした互いのやりとりの中で、子どもを理解していくことの大切さを感じてもらいたいと思います。

このような実習生には何よりも、子どもと心通わす喜びを体験できるよう、子どもの遊びに参加する機会をこちらから提示していくとよいでしょう。子どもと遊び、「楽しい」「子どもがかわいい」という体験を重ねる中で、自ら子どもとかかわれるようになっていきます。

一生懸命に実習に取り組み、子どもたちとも積極的にかかわっていますが、職員とのコミュニケーションがとれません。このような実習生にはどのように対応したらよいでしょうか？

「コミュニケーションがとれない」と一言でいっても、さまざまな実習生の様子が考えられると思います。以下のような例が考えられます。

❶挨拶ができない実習生

実習生によってはなかなか挨拶ができないこともあります。挨拶していても聞こえづらかったり、笑顔がなかったりする実習生もいるでしょう。そのような場合は、まずは保育者が「おはよう」と笑顔で挨拶し、実習生の手本となるように実践してみましょう。そして、少し実習生の様子を見ていてください。少しでも変化があるようであれば、それは先生方の挨拶を見て学んでいるということです。それでも変化がないようであれば、声をかけて対話をしてみてください。

どうして挨拶が大切なのか、実習生の挨拶の仕方だとどのような印象を受けるのか等、ただ「ダメよ。直してね」ではなく、理由を伝えることが大切です。

❷質問や感想、エピソードなどが自分から出ない実習生

先生方に積極的に質問できる実習生とできない実習生がいます。「質問がない＝意欲がない」というわけではありません。質問したいことはあるが、質問してよいタイミングがわからない場合や、家に帰って日誌を書く際に１日を振り返ってみて聞きたいことが見つかる等、実習生によって質問が自らできない理由がさまざまあります。

自ら質問をしてほしいところですが、なかなか行動に移せない実習生や、緊張していたり、質問するタイミングがつかめなかったり、どのような質問をしてよいかわからない実習生には、こちらから一声かけることが必要です。「何か質問はある？」「〜はどうだった？」等、会話のきっかけを投げかけていきましょう。そこから、実習生が感想などを話したり、思い出したことを質問したりします。

日々の振り返りや反省会の際にも、何も自分から出てこない実習生もいるでしょう。いろいろ頭の中では考えていても、言葉が出ない実習生もいます。こちらから聞き出していくことが必要な場合もあります。できるだけ日々のちょっとした時間やタイミングで実習生に一声かけることで、対話ができるようになっていくと思います。

Q3 こちらがお願いしたことはできるのですが、自分から～したいということを申し出たり、表現したりできない実習生には、どのように対応したらよいでしょうか？

A3 前述しましたが、表現できないからといって意欲がないわけではありません。タイミングを逃して申し出ができなかった場合等も考えられます。まずは、オリエンテーションで確認をしておきましょう。

養成校では、事前指導の中で学生が個々に実習課題を立てて実習に臨めるようにしています。オリエンテーションの際に先生方から「何かしてみたいこと、体験したいこと等ありますか？」と聞いてみてください。そうすると、実習生から「〇〇ができます」とか「学校で△△を用意してきました」などの答えが返ってくることが期待できます。その際には、ぜひ実習生のできること、準備してきたことを実践できる機会を提供していきましょう。

Q4 実習への意欲は見られるのですが、保育者としてふさわしい言葉づかいやふるまいができない実習生がいます。そのような実習生にはどのように対応したらよいでしょうか？

A4 養成校でも事前に指導を受けているはずです。しかし、日常生活の癖や慣れから、保育者としてふさわしい言葉づかいができなかったり、保育者としてのふるまいができなかったりする実習生がいます。そのような実習生には、繰り返しの指導が必要です。

日常の生活の中で間違ったつかい方をしているため、自分の中でかなり意識をして対応をしないと改善できません。また、その言葉づかいやふるまいが、なぜ保育者としてふさわしくないのかを指摘されないと理解できない実習生も多いです。養成校で指導されてきたことの意味を、保育現場の具体的な場面を通して指導を受けることで実習生も理解を深め、直していかなければいけないという意識になると思います。

Q5 積極性がない実習生に対しては、どのように指導したらよいでしょうか。

A5 積極性がない実習生の背景には、いくつか事情があります。近年、自己肯定感が低かったり、自信がもてない学生が増えています。自信がないことで、自ら動き出すことが難しくなっていることもあるでしょう。

❶良さを認めよう

自分自身に自信がもてない実習生は、自分から動き出すことが難しいので、指示を受けて動くことに安心します。はじめのうちはそのような姿を受け止め、その中で実習生の良さを見つけ出し、「ほめる」ことをしてみましょう。ほめられることで自己評価を高め、その積み重ねの中で実習生の積極性につながっていきます。

❷モデルになろう

ほとんどの実習生がはじめて保育を経験します。養成校での学びは、実践的なものではありませんので、具体的な保育実践についてはまったくはじめになります。また、実習園ごとの保育の方法を尊重しようと思っているので、実習生もまずは保育者の様子をよく観察しようとしています。

ですから、保育者はそのことをよく理解して、実習生のモデルとなるように動いてみるとよいでしょう。はじめはすぐに動き出せなくても当然かもしれません。様子がわかれば、実習生もしだいに保育者を手本としながら動き出します。実習生が動き出したら、「それでいいのよ」と受け止めます。また、保育者の動きについては、なぜそのように動いたのかについて解説することで実習生の学びも深まり、実習生も主体的に動けるようになるでしょう。主体的に動けるようになってきて、自らの課題を見いだしたときに、積極的に動けるようにもなります。

書くことが苦手で、記録に何時間もかかってしまう実習生がいます。記録がなかなか書けない実習生には、どのように対応したらよいでしょうか？

　これは多くの先生方が指導に困難を感じることだと思います。なかなか記録が書けない実習生には次のような対応が考えられます。

❶オリエンテーション時に一緒に確認

養成校でも記録の書き方に関しては事前に指導を行っていますが、書くことが不得意な学生も多いです。オリエンテーション時に養成校の実習日誌の形式や書き方の指導についての確認をしておくことが必要でしょう。

❷実習時間中に記録の時間をとる

実習園によっては、実習生に対して実習の時間内に1〜2時間程度、記録を書く時間として当てているところもあります。すべての実習園にこのような実践をしてほしいということではありませんが、実習生によってはそのような対応が必要になってくることもあるかと思います。記録を書くことも実習として重要な位置づけと考えられるのであれば、今の実習生たちの状況をかんがみ、そのような時間を少し設けることも必要かと思われます。

❸実習生によって個別に対応

時系列の記録を書くことが苦手な実習生や、エピソードを書くことが得意な実習生等、得意不得意があるかと思います。実習生によって書き方を変えるように指導していくことも求められてきています。その実習生にとって書くことが、過度の負担にならないような形を模索していくことが必要でしょう。養成校としては、基本的な記録の書き方を指導していますが、現場の実習園の先生方に指導していただく際には、園の方針に従うよう学生に伝えています。養成校の日誌のスタイルを必ずしも貫かなければいけないということはありません。

❹応答性のあるコメント

実習生は先生方からいただく日誌のコメントを楽しみにしています。日誌に書いていただくコメントは実習生が実習を行っていくうえでの励みとなり、卒業後、現場に出て行く際に活かされていきます。

コメントを書く際に、実習生の記録に対して一方通行のコメントではなく、応答性のあるコメントを心がけましょう。自分の記録を先生方が読み、それに対してのコメントがあることで、記録による学びが深まっていきます。その際、どんなにつたない記録であっても、良い面を1つは見つけて「ここはよく書けている」「よく気づけている」と認め、ほめることが実習生の記録への意欲を高めます。応答性のあるコメントにより、実習生の記録に対するモチベーションや記録の書き方や内容に変化が見られるようになるでしょう。

Q&A こんなときどうする？

Q7 緊張がなかなか取れない実習生がいます。もっとリラックスして子どもとかかわったり、わからないことは質問してほしいと思うのですが。このような実習生にはどのような対応が必要ですか？

A7 はじめて経験する実習やはじめての実習先で緊張するのは当たり前のことですが、あまり緊張感が強かったり、いつまでも緊張が取れずにいると、心配になりますね。実習生の緊張は、子どもたちがほぐしてくれることが多いように思います。「お姉さん、あそぼ」「絵本読んで」と子どもからかかわってきてくれることが実習生にとっては何よりうれしいことです。

はじめての実習では、子どもの発達を学ぶ意図から、0歳児クラスから順番にすべてのクラスで実習できるように計画していただくことが多いように思います。しかし、実習初日に0歳児クラスに入ると、子どもから「あそぼ」と実習生にかかわってくることは期待できません。場合によっては、人見知りで泣かれてしまうこともあるでしょう。オリエンテーションで緊張感が強いと感じられたら、幼児クラスから順に実習することもよいかもしれません。

また、すべてのクラスで実習をする場合には、1日ないし2日で新しいクラスに移動していくので、はじめての保育者と子どもたちとの出会いが実習期間中ずっと続くことになり、緊張が取れないのも当然かもしれません。このような場合は、保育者間で連携し、実習生の情報をつないでいきながら、指導に当たるとよいでしょう。クラスが変わっても、実習生の状況をわかってくださる保育者が指導してくれることは、実習生にとって安心感があります。

145

Q8 私たちは守秘義務を果たさなくてはなりません。実習生に、保育の記録や指導計画など、園の資料を見せてよいものか迷っています。

A8 保育者にとって守秘義務はとても大切なことです。将来保育者を目指す学生も、このことについて養成校で繰り返し学ぶ機会が設けられています。近年は、実習で知り得た子ども、保護者、保育者等の情報を外部に漏らさないことを実習生が誓約する書類（誓約書）を実習前に書き、実習先へ提出することを指導している養成校も増えてきました。このように養成校で守秘義務の指導は受けてきていますが、実習先でもオリエンテーション時はもちろん、具体的な場面において守秘義務について指導することが大切です。

守秘義務について指導することを前提とし、園の資料は可能な範囲で、実習生に提示することが実習の学びとして重要です。指導計画については、養成校で学んでいますが、実習では実際の保育実践と計画を結びつけて学ぶことのできる貴重な機会です。計画以外にも、保育園のさまざまな書類を見せていただくことは、実習生にとってたいへん学びになるものです。もし、個人情報の観点からどうしても提示することが難しい場合には、その資料について書類の形式や見せてもかまわない箇所のみ提示し、説明を加えることで指導してもよいと思います。

Q9 「保育園へは就職しません」と言う実習生がいます。将来、資格を活かした仕事に就く意思のない実習生に対し、指導する意味があるのでしょうか。

A9 熱心に指導してくださる先生方に対し、「保育園へは就職しません」という発言は耳を疑いたくなってしまいます。指導する意味がないのではないかと思ってしまうのも、無理はないかもしれません。

実習段階において、多くの実習生は進路についてまだ悩んでいます。中には、失敗や挫折体験から、「自分は保育者に向いていない」という思いに至ることもあります。はじめは保育者を目指していても、このような思いから「保育園へは就職しない」という気持ちを抱くことは、学びの過程の中で起こり得ることです。加えて、近年では養成校入学の段階から、保育者を目指す意思がなかったり、弱かったりする学生が存在することも確かです。

しかし、このような学生が「保育園に就職します」と卒業していく姿も多くあります。きっかけは、実習です。どのような実習がこのような学生の思いを変えたのでしょうか。

❶子どもとのかかわり体験から

子どもたちに誘われて遊んでいるうちに、子どもとかかわる楽しさ、子どもの魅力に惹きつけられ、最後には「保育園の就職も考えてみたくなった」という実習生がいます。子どもとかかわる機会を多く設け、まずは子どもの魅力、かかわる楽しさを伝えたいものです。

❷自信がもてるような体験から

どのような実習生にも良さは必ずあります。小さなことでもよいので良い面を見つけ、言葉に出し、認め、褒めることが大切です。保育者からの言葉は、実習生にとって大きな力になります。また、実習生の得意なことを発揮できる場を設けていくこともよいでしょう。

❸生き生きと保育する保育者の姿から

楽しそうに子どもとかかわる保育者、子どもの育ちを喜び、うれしそうに話をする保育者、保育への思いを熱心に語る保育者、保護者の思いを受け止め、支える保育者、このような保育者に出会うことで、保育の喜び、やりがいに目覚める実習生も多くいます。

実習イコール就職ではありません。しかし、資格取得を目指して実習する以上、いいかげんに行うことは許されません。全力で真摯に学ぶ姿勢をもって実習に取り組むことを養成校でも指導しています。資格を活かした就職を希望しない実習生を受け入れる際は、希望しないことを否定するのではなく、資格取得への責任と全力での取り組みの必要性について指導することが大切です。「保育者になりたい」と思えるような実習指導を目指したいものです。

Q10 自分には実習生を指導できるだけの力がないと思っているのですが、実習生の指導担当になってしまいました。どうしたらよいでしょうか。

A10 実習生の指導は、いくら保育の経験を積んできても簡単にできることではありません。はじめて実習生の指導をする人が不安をもつのは、自然なことと思います。このような場合は、次のように考えてみるとよいでしょう。

❶ **実習生の指導を通して自分も学ぶ**

「実習生を完璧に指導しなければならないので、自分の保育も完璧でなければならない」というように考える必要はありません。保育は何年やっても完璧にできるものではありません。知識も実践力も毎日研鑽していく中で、よりよい保育を模索し続けることが大切です。

実習生の指導をすることは、自分の保育を振り返るきっかけになります。「実習生に対してカッコ悪いことはできない」と考えるのではなく、自分をさらけ出して、実習生とともに学んでいく気持ちをもつことです。そのような姿から実習生も、学び続ける保育者としてのあるべき姿を学びます。実習生の指導でわからないことが出てきたら、ほかの保育者に聞くなどして、自分も成長する気持ちをもつことです。

❷ **園全体で実習指導をしている**

実習生の指導をするのは自分ひとりだ、と考えないことです。本来、実習生の受け入れは個人的に行うことではなく、園全体で行うことです。ですから、配属クラスの保育者のみが指導しなければならないと考えるのではなく、すべての職員が指導していると考えればよいのです。実習指導でわからないこと、困ったことがあれば、園長や主任保育者など実習指導責任者に何でも相談しましょう。自分は自分のできる実習指導をすることを考えればよいのです。

おわりに

　本書を閉じるにあたって、実習指導者に、いえ、保育に携わる全ての人に、そして保育士資格取得を目指す実習生にとっても、心にとどめておきたいことを述べたいと思います。

　筆者の心に深く刻みこまれている書籍があります。津守真氏が、大学を定年前に辞し、愛育養護学校校長となられ、障がいのある子どもと共にある生活の中で書かれた『保育者の地平』です。

> 　あるとき、私は子どもの行動を表現として見ることを発見した。
> 　行動は子どもの願望や悩みの表現であるが、それはだれかに向けての表現である。それは、答える人があって意味をもつ。＜中略＞
> 　表現は子どもの心の根底にある永続的課題の表現でもある。それを発見するのには時間を要する。

引用文献：津守真著『保育者の地平――私的体験から普遍に向けて』p.180、ミネルヴァ書房、1997年

　「はじめに」で実習指導の3つのポイントを提示しましたが、その第1が「実習生が子どもと心を通わす体験を重視する」でした。心は目には見えないものです。目に見える子どもの行動、耳に聞こえてくる子どもの声に気づかない保育者、そして実習生はいません（いないはずなのですが、見ようとしない、聞こうとしていないときには気づいていないことがあります）。

実習指導で大切なことは、日々の保育実践において、保育者が大切にしていること・大切にしたいと願っていることと重なることを、本書で理解されたと思います。

　そうなのです。保育者にとって日々の保育の中で大切なことは、一人ひとりの子どもと心を通わすことです。このことを可能にするのが、津守氏のことば「子どもの行動を表現として見る」こと、そして「答えること」の意味を認識した実践です。

　子どもの生み出す行動の全てに意味が込められています。子どもの表現を、目には見えない心を読み解こうとし続ける実習指導者（保育者）の姿から、実習生は子どもを、そして保育を理解しようとする思いを持ち続けることの大切さを学んでいくことでしょう。

　本書が、今後の保育実習指導、園内研修に活かされ、保育実習指導が次代の保育者養成、保育者のキャリアアップ、そして、保育の質の向上につながることを願いつつ、本書を閉じることにいたします。

增田まゆみ

『保育園・認定こども園のための保育実習指導ガイドブック』

本書の執筆分担については以下の通りです。

【編著者】

増田まゆみ … はじめに、PartⅠ第1章、第2章2、PartⅡ第1章3①、おわりに

小櫃智子 … PartⅠ第2章3・4、第3章1・2、PartⅡ第1章2④⑤、第2章3、Q&A

【著　者】(五十音順)

石井章仁 … PartⅡ第1章2⑥⑦⑧、3②、第2章1

甲斐恵美 … PartⅡ第2章3

倉掛秀人 … PartⅡ第1章1、第2章2

坂﨑隆浩 … PartⅠ第3章3(保育現場からの提言③)

佐藤秀樹 … PartⅠ第3章3(保育現場からの提言①)

佐藤　恵 … PartⅡ第1章1、第2章2、Q&A

爾　寛明 … PartⅠ第2章1、Q&A

高辻千恵 … PartⅡ第1章2①②③

長島弥生 … PartⅡ第2章3

中山昌樹 … PartⅡ第2章3

若盛正城 … PartⅠ第3章3(保育現場からの提言②)

若山　剛 … PartⅡ第2章1

若山　望 … PartⅡ第2章2

渡邉英則 … PartⅠ第3章3(保育現場からの提言④)

(5696)

編集・著者一覧

【編著者】

増田まゆみ　　（湘南ケア アンド エデュケーション研究所所長、元東京家政大学家政学部児童学科教授）

小櫃智子　　　（東京家政大学子ども学部子ども支援学科准教授）

【著　者】（五十音順）

石井章仁　　　（千葉明徳短期大学保育創造学科教授）

甲斐恵美　　　（社会福祉法人泉の園認定こども園　風の丘園長）

倉掛秀人　　　（社会福祉法人省我会せいがの森こども園園長）

坂﨑隆浩　　　（社会福祉法人清隆厚生会理事長、こども園ひがしどおり園長、社会福祉法人日本保育協会理事）

佐藤秀樹　　　（社会福祉法人積善会理事長、こどものくに園長、社会福祉法人全国社会福祉協議会　全国保育協議会副会長）

佐藤　恵　　　（東京未来大学保育・教職センター特任講師）

爾　寛明　　　（桜美林大学健康福祉学群准教授）

高辻千恵　　　（元東京家政大学家政学部児童学科准教授）

長島弥生　　　（学校法人中山学園認定こども園　あかみ幼稚園副園長）

中山昌樹　　　（学校法人中山学園理事長）

若盛正城　　　（社会福祉法人桜福祉会理事長、認定こども園　こどものもり園長、特定非営利活動法人全国認定こども園協会顧問）

若山　剛　　　（社会福祉法人高原福祉会村山中藤保育園「櫻」園長）

若山　望　　　（社会福祉法人高原福祉会村山中藤保育園「櫻」副園長）

渡邉英則　　　（学校法人渡辺学園理事長、認定こども園ゆうゆうのもり幼保園園長、港北幼稚園園長、一般社団法人全国認定こども園連絡協議会副会長）

保育園・認定こども園のための
保育実習指導ガイドブック

2018 年 8 月 10 日　発行

編　著　　増田まゆみ、小櫃智子
発行者　　荘村明彦
発行所　　中央法規出版株式会社
　　　　　〒 110-0016　東京都台東区台東 3-29-1　中央法規ビル
　　　　　営　　業　Tel 03（3834）5817　Fax 03（3837）8037
　　　　　書店窓口　Tel 03（3834）5815　Fax 03（3837）8035
　　　　　編　　集　Tel 03（3834）5812　Fax 03（3837）8032
　　　　　https://www.chuohoki.co.jp/

印刷・製本　　　　　　長野印刷商工株式会社
装幀・本文デザイン　　市川さつき（ISSHIKI）
本文イラスト　　　　　市川さつき（ISSHIKI）

定価はカバーに表示してあります。
ISBN978-4-8058-5696-3
本書のコピー、スキャン、デジタル化等の無断複製は、著作権法上での例外を除き禁じられています。また、
本書を代行業者等の第三者に依頼してコピー、スキャン、デジタル化することは、たとえ個人や家庭内での
利用であっても著作権法違反です。
落丁本・乱丁本はお取替えいたします。